品 质 源 于 责 任

关注公众号 新京报传媒研究

微信号 xjbcmyj

编委会

主　任　戴自更
副主任　王跃春
编　委　何龙盛　王　悦　王爱军
　　　　刘炳路　朱学东

特邀研究顾问（按姓氏笔画排序）

吕　艺　北京大学新闻系主任
吴　飞　浙江大学国际文化与新闻传播学院院长
张树庭　中国传媒大学MBA学院院长
陆小华　中国政法大学新闻与传播学院院长
范以锦　暨南大学新闻与传播学院院长
陈昌凤　清华大学新闻与传播学院副院长
展　江　北京外国语大学国际新闻与传播系教授
徐　泓　北京大学新闻与传播学院原常务副院长
高　钢　中国人民大学新闻学院原党委书记
童　兵　复旦大学新闻传播学院教授
蔡　雯　中国人民大学新闻与传播学院副院长

THE BEIJING NEWS MEDIA RESEARCH

新京报 传媒研究

新京报传媒研究院　主编

第五卷

图书在版编目（CIP）数据

突破与蜕变/新京报传媒研究院编．—上海：上海科学技术文献出版社，2015.3
（新京报传媒研究）
ISBN 978-7-5439-6582-9

Ⅰ.① 突… Ⅱ.① 新… Ⅲ.① 传播媒介—产业发展—研究—中国 Ⅳ.① G219.2

中国版本图书馆 CIP 数据核字（2015）第 034609 号

责任编辑　王卓娅
封面设计　袁　力
版式设计：徐　炜

新京报传媒研究（第五卷）：突破与蜕变
新京报传媒研究院　主编

出版发行：上海科学技术文献出版社
地　　址：上海市长乐路 746 号
邮政编码：200040
经　　销：全国新华书店
印　　刷：上海景条印刷有限公司
开　　本：787×1092　1/16
印　　张：10.75
字　　数：11 000
版　　次：2015 年 3 月第 1 版　2015 年 3 月第 1 次印刷
书　　号：ISBN 978-7-5439-6582-9
定　　价：28.00 元

http://www.sstlp.com

卷首

《新京报》人有天然的使命感，我们认为，如果中国还有一份报纸能够完成向全媒体转型，那就非《新京报》莫属，因为我们对新闻怀有深深的敬意和热爱，为了自己钟爱的事业，我们愿意赌上一切。

新京报社社长戴自更。

为了钟爱的事业，我们愿意赌上一切

戴自更 | 新京报社社长

　　正是层林尽染、APEC 蓝依然灿烂的美好时节，《新京报》迎来了创刊 11 周年的纪念日。

　　11 年前，一群怀揣理想的新闻人，从南北西东，相聚北京，希望在革故鼎新的世纪之交，办一份纯粹意义的报纸，为推动国家的民主法治尽一份力量。为此我们殚精竭虑，摒弃很多强加于新闻本身之上的桎梏，以最本源也最简单的新闻原则，最普世也最清晰的专业标准，确定报纸定位，打造职业团队。我们以自信、勇气和创新为资本，辅以极少的投入，创办了一份全北京最厚重、最具行业标杆的报纸，就像我们宣称的那样，《新京报》做到了一出生就风华正茂。

　　11 年来，《新京报》一直走在新闻探索的最前沿。我们突破国内时

005

政报道的陈规，使时政新闻成为报纸版面真正的"要闻"，也让都市报由此成为主流媒体。我们改进社会新闻报道模式，使其从猎奇、刺激转为揭示事件背后的社会生态，改变了传统都市报的八卦形象。我们以大量直面现实的、理性的评论，让都市报成为体现民意、引领舆论的新锐媒体。我们刊登数以千计、以还原真相为目标的舆论监督报道，揭露假丑恶，弘扬真善美，恢复了媒体应有的尊严，彰显了媒体人干预社会的责任和担当。我们通过丰富多彩、别具一格的经济报道、文娱报道、行业报道，满足读者、客户和各个群体的需求，为他们提供有用的资讯、有趣的阅读体验，成为他们生活和工作的值得信赖的朋友。

11年来，《新京报》一直在磨难中进取，在挫折中成长。很多时候我们也曾陷入困境：因拒绝潜规则被既得利益者中伤，因维护报纸尊严而被无端质疑，因坚持公共立场而损失经济效益，因媒体环境恶化而导致焦虑和无所适从，有时生死存亡就在毫发之际，但因初心不改，终能大道直行，并傲视群伦。《新京报》的历史证明：一份有独立精神、有底线思维的媒体是社会生态链中不可或缺的一环，是推动社会正义、培育公民意识的重要力量。

11年来，《新京报》除了承担媒体自身的社会责任，还创造了十分可观的物质财富，累计创造了40多亿GDP、近10亿利税，先后有上万人在此就业。因为拥有良好的品牌影响力，《新京报》的发行量、广告收入、利润额一直居北京报业市场第一，也居国内报业前列。我们坚持的影响力营销的经营理念，以及今年推出的事业部运营模式，为应对新媒体冲击、保持市场份额，发挥了积极作用。截至目前，经营业绩不仅没有减少，一些子品牌还有可观的增长。

随着互联网时代的到来，媒体及其传播方式发生了巨大变化。中国的传统媒体还没迎来自己的黄金时代，就面临着艰难的变革和转型。事实证明，信息技术的进步正在改变人的生产方式、生活方式，也将改变人的价值观。但我们深信，无论媒体的形态和传播方式如何改变，媒体的本质一如既往，这就是：还原新闻真相，提供有用信息，传递理性观点，让受众获得美的体验、善的觉悟，从而推动社会进步。

《新京报》已经书写了纸媒时代的传奇，也有信心创造互联网时代的传奇。11年来，我们拥有了先进的采编理念，确立了专业的行业标杆，积累了丰富的新闻操作和媒体经营经验，创立了《新京报》这个优秀品牌，而这也是新媒体内容生产和传播最基本的要素。登高图远。从两年前开始，我们就推出"全媒体战略"：以进一步增加《新京报》影响力、确保经营业绩持续上升为基础，开发并运行好新媒体平台，一是通过提高新闻采集、分析、整合、传播能力，加强网络原创，开发自有新媒体产品；二是把报纸上的优势内容转化为新的网络平台，特别是在垂直领域；三是作为原创能力和品牌资源的提供者，与拥有强大传播渠道的网络巨头结盟，开发有市场竞争力的新媒体产品。

　　为了达成这一"全媒体战略"，我们需要对内容及其生产流程，包括从业人员结构做根本变革，自我转型，实现"蜕变"。毫无疑问，这个"蜕变"过程将充满煎熬，也许比从头开始更有切肤之痛。若"蜕变"成功，就化茧为蝶，从此鹏程万里，如果失败，则将前功尽弃。但我们坚信，《新京报》的"蜕变"能够从容完成。其一，《新京报》人有强烈的忧患意识，我们一直在缺少资源的环境下成长，生死之虞如影相随，更有背水一战、杀出重围的信心和决心；其二，《新京报》人有逆境进取的本能，当年很多人断言《新京报》进入北京将水土不服，我们却一往无前，在不长的时间内就取得业内领先；其三，《新京报》人有无穷的创新精神，我们信奉"好的更需要改变"，即使报纸最好的时候，也坚持每年一改版。执著创新、不因循守旧已经渗入《新京报》人的骨髓；其四，《新京报》人有天然的使命感，我们认为，如果中国还有一份报纸能够完成向全媒体转型，那就非《新京报》莫属，因为我们对新闻怀有深深的敬意和热爱，为了自己钟爱的事业，我们愿意赌上一切。

　　6年前，北京大学等机构把《新京报》评为"北京城市文化名片"，我们希望能永远配得上这个称号。我们相信，《新京报》依然是一份与北京这座伟大城市相称的报纸，也一定能够"蜕变"成一个全新的全媒体集团。

目　录
Contents

特别聚焦 Special Focus

戴自更：创新、突破与蜕变	赵勇力	003
从互联网大会报道看《新京报》的专业与创新	宋识径	012
我如何采访到互联网大佬？	刘　夏	017
"女汉子"记者在互联网大会	李丹丹	021

全媒体研究 Omnimedia Research

耿小勇：开启全媒体探索之路	赵勇力	027
动新闻：如何动得恰到好处？	陈　璐	034
用互联网思维做"动新闻"	颜颖颛	040
干杯，为了不一样的世界杯	包宏广	045
高科技的巴西世界杯	范　遥	053
世界杯自制脱口秀的"狂欢"	祝炳琨	058

新闻背后 Behind the Scene

马航报道的得与失	赵　亢	065
我的两次马航空难采访	韩旭阳	071
克制的泪水最动人 ——马航MH370失联报道如何把握情绪	雷学勤	078
如何研究"白手套"们的故事？	李　超	087
"打虎"仍须"武二"来	褚朝新	097

| **深度观察** Insight | 微博时代报刊的版权保护问题 | 刘海明 | 105 |

传媒与文化 Media & Culture	《新艺术》的制图创新	何建为	119
《新高尔夫》,一种媒体的新玩法	艾国永	129
《新公益》,公益行动的推动者	郭红梅	137

| **营销与广告** Advertising & Marketing | 以新锐视角聚拢新锐学人
——"新京报·中国青年经济学人"的传媒担当
王海涛 杨万国 | 151 |

SPECIAL FOCUS 特别聚焦

2014年11月19日至21日,首届世界互联网大会在浙江乌镇举行。《新京报》获国务院信息化工作办公室授权,制作出版了4期互联网大会会刊,总计124个版面,在北京、乌镇两地同步发行,获得了多方好评。作为一份纸媒,《新京报》为何要参与此次报道?报道背后又有哪些鲜为人知的故事?本次报道对于《新京报》的未来发展又会有哪些重要意义?本专题将通过报社领导和一线采编的讲述来解答上述问题。

无论千变万化,《新京报》的情怀、《新京报》的精神、《新京报》的品牌影响力与内容原创能力是我们始终珍视的价值所在,也是我们的核心竞争力。

戴自更。

戴自更:创新、突破与蜕变

赵勇力 | 新京报传媒研究院研究员

2014年11月19日至21日,历时两天半的首届世界互联网大会在浙江乌镇举行。19日至22日,《新京报》获国信办(国务院信息化工作办公室)授权,制作出版了4期互联网大会会刊,总计124个版面,在北京、乌镇两地同步发行。获得了多方好评,并取得了很好的传播效果。

《新京报》为何要参与此次报道?报道背后又有哪些鲜为人知的故事?本次报道对于《新京报》的未来发展又会有哪些重要意义?带着这些问题,我们与《新京报》社长戴自更进行了一次深入对话。

传媒研究：《新京报》为什么会如此深入地参与到本次互联网大会的报道？

戴自更：其实这源于一次偶然的机会，一次我去国家网络信息办公室（以下简称网信办）开会，得知他们要召开世界互联网大会，此时距会议召开还有两个星期。回到报社之后，我跟王跃春总编辑以及报社几位领导开会讨论了一下，大家认为这是一个宣传《新京报》的好机会，可以跟网信办的领导争取一下——由《新京报》来负责此次会议会刊的制作。

得知我们的意愿之后，网信办主任鲁炜同志非常支持。当时网信办已经确定了此次会议的官网，对于会刊还没有计划。他希望我们可以先出一个报道方案。在此之后，我又与网信办的相关负责人进行了沟通，把《新京报》承接此次会议会刊制作的意图做了说明。

我们之所以非常主动地参与到此次会议报道，原因其实是显而易见的，此次在浙江乌镇召开的世界互联网大会，汇聚了很多国际互联网业最顶尖的专家学者、最前沿的信息，包括国内外的政要与知名互联网企业的领导也都会参加此次盛会。对于正处于全面转型期的《新京报》来说，这是开启我们与互联网业深度合作与融合的最佳时机。同时，通过此次合作，还可以使《新京报》与国家网信办建立起更好的联系。所以我们很快就提交了一套方案，在最早提交的方案中，我们计划第一天是 24 个版面内容，第二天 16 个，第三天 16 个，预计一共近 60 个版面。但是网信办的领导看过之后，觉得我们有点保守。所以后来我们再跟领导充分沟通之后，我们加大了报道力度，最终见报的版面达到了 124 个。

在提交方案时，我们也表示，《新京报》不需要网信办提供任何费用，都由我们来自筹，唯一希望获得的支持，就是网信办能够授权《新京报》参与此次大会的采访报道并承接此次会刊制作。网信办很快就批准了这一申请，向我们颁布了独家授权。

其实这项工作能够这么快这么顺利地进行，也是因为报社的几位主要领导与网信办的关系很好，网信办的领导也对《新京报》的品质与专业非常信任，所以从得知消息、提交方案到最后达成合作意向，整个过程不到 5 天。

在拿到授权之后，《新京报》立即调集报社的精兵强将，组成了一个报道小组，有采编也有经营人员。根据网信办提供的本次会议的嘉宾名单，我们很快制定了采访计划，并与这些嘉宾取得了联系，希望他们能够接受《新京报》的采访。有些国外嘉宾，记者则通过网络进行采访。起初我们大概列了28人采访名单，有24个人都接受了我们的采访。一切工作都有条不紊，进展得很快，也很顺利。

传媒研究：这次大会的报道，是北京与乌镇两地同时见报，《新京报》是怎样做到的，克服了哪些困难？

戴自更：起初，我们只打算在乌镇当地制作并发行会刊，但考虑到《新京报》的影响力以及本次大会的新闻价值，我与相关领导进行了沟通：如果北京与乌镇两地同时发行，效果会更好。因为在我们的读者群里，有很多高端读者也都非常关注此次大会。领导对此想法非常赞同，但是麻烦在于，报纸在北京印完，运送过去会来不及。

于是我们决定，在乌镇的附近找一家兄弟媒体合作，完成此次大会现场会刊的印刷。我们先后与《杭州日报》《嘉兴日报》进行了沟通，因为《嘉兴日报》跟《新京报》在此之前有过接触，彼此都非常了解，此次王跃春总编辑与何龙盛副总编辑也专程去拜访了嘉兴日报社以及浙江省委宣传部的领导，并进行了沟通，于是最终我们选择在嘉兴完成此次现场会刊的印刷工作。

但是还有一个小问题，就是双方在传送版面时，因为方正系统有加密，遇到了麻烦。我们又紧急协调，重新设置了密码，问题很快得到了解决。当天我们又派专人在印厂负责协调，《嘉兴日报》的同行也非常支持配合，应该说没遇到什么大的困难。

传媒研究：《新京报》为了做好此次报道，共投入了多少采编力量，又有哪些突破与创新？

戴自更：其实在第一期会刊推出之前，就已经有很多采编参与了进来。在大会召开以后，我们又向乌镇的会议现场派出了由20位记者组成的报道团队，其中有16位文字记者，4位摄影记者，后方则是负责统筹的总编辑、副总编辑一直到编辑，一共有20余人，另外，还包括设计、组版人员，加在一起前前后后有100多人参与了此次报道和会刊的制作工作。

谈到此次报道的突破与创新，我想大概有以下六个方面：

首先，是会刊这种媒介本身。我们知道，一般的会刊都是传统的运作方式，内容是非常机械而保守的，大多都是原文实录，不会有太多新闻性，只是会议资料的简单堆砌，没有新意可言。然而此次《新京报》制作的会刊，**创新与突破在于我们是用做新闻的方法来报道此次会议，通过新闻的视角来对会议进行专业解读。**

第二，是突出了服务性。在会刊中，我们将会议日程、会场布局等必要信息，通过制图的形式非常直观地呈现出来，而且提供了与会人员的名单与详细介绍。

第三，前景性的预测报道。很多业内外的读者可能都会关心本次会议的主要内容：嘉宾都说了什么？对未来互联网发展会带来哪些深远影响？通过《新京报》这四天的报道，读者就会有一个非常清晰的了解。

第四，内容更加生动有趣、更具有可读性。我们采用新闻的报道方式，对于与会人员的发言，抓住其精髓和精彩的地方，在挖掘其新闻价值的同时，还采用媒介融合技术，形成更有效的传播效果。

第五，会刊设计方面的创新。因为此次会议是在浙江乌镇召开，所以这就要求此次会刊的设计风格，应该是在体现江南水乡特色的同时，也要体现互联网行业的科技感。最终我们采用了水墨的方式，并辅以蓝色主色调，在传统美中又不乏科技感。另外，在版面图片的选择上，我们突出了人物本身。我们知道，很多对于会议的报道，通常都是领导的讲话，而此次会刊里不单单是领导的讲话，我们把更多着眼点放在了"人"上，这是我们与其他会刊明显的不同。

最后，前后方同步实施，配合密切。会议召开的这几天，王跃春总编辑在后方亲自统筹，包括当天做哪些报道，采访哪些人，都会跟前方保持着密切的沟通。我则在前方协调各项工作，这样一来，就形成了前后方的无缝对接。

而令我感触最深的，是《新京报》这次报道，不同于以往的单一会议的报道，譬如每年的全国两会，涉及面比较广，做出深度来非常难。而我们此次报道主题非常清晰，并且全方位展示此次会议的精华与全貌。

传媒研究：对于《新京报》此次报道，外界的反馈如何？

戴自更：我在乌镇会议现场时，遇到了参与报道的一家媒体同行，他对我说，当他看到《新京报》当天的报道之后，他觉得他们可以直接回家了，啥也不用干了。国信办、浙江省委宣传部的领导看完之后，也非常惊诧，觉得《新京报》的报道远远超出了他们的预期。包括很多知名互联网企业的领导，从头到尾地阅读了我们的报道，认为我们的报道做得非常专业，也非常利于他们对此次会议的宏观了解。我回到北京以后，在北京的很多同行，还有北京市委宣传部，甚至中宣部和中央的领导，对于《新京报》的报道都给予了高度肯定。另外就是我认识的一些关注此次会议的读者，对于此次报道也非常肯定。总体上讲，这次报道的影响，"上到庙堂，下到草根"都比较关注，也给予了相当的肯定与称赞。

传媒研究：通过本次报道，《新京报》有了哪些收获？

戴自更：说到收获，首先这次报道是《新京报》自创办以来，第一次通过异地发行的方式进行操作；第二是《新京报》通过一次会刊的制作，能形成这么大的影响力，应该说也是报社创办以来的第一次；第三是对于报社的采编团队也是一次锻炼。像以前我们在汶川地震时，做过《逝者》和《活着》两大特刊，两天时间我们制作了42个版面。而这一次，是连续4天，每天版面数量分别是48、32、32、12，共计124个版面。要知道这是我们在日常版面不减少的情况下，同步增加了124个版面，再加上跟外地的同步传版和印刷。尽管大家很辛苦，但也再一次证明了《新京报》人的抗压能力确实很强，其他媒体人是很难做到的。我认为这是《新京报》最大的收获。

特别值得一提的是，这次去现场采访的很多人，还都是刚入职的年轻记者，都很有冲劲。以前他们面对国家政要和互联网巨头，可能绝大多数都会发憷，而通过这一次的锻炼，他们的表现都游刃有余，这一点让我感触很深。鲁炜同志在看到《新京报》记者的表现后，也竖起大拇指，他表示"《新京报》的记者问的问题很专业，工作精神很感人，工作态度很认真。很好地诠释了优秀新闻记者的专业、职业和敬业"。并表示愿意把世界互联网大会地会址永久地设在乌镇，而会议报道与会刊制作工作则永久地交给

《新京报》来操作。

通过此次会议，也建立了《新京报》与网信办、互联网业界的良好合作关系。《新京报》通过这次报道，把我们的品牌不仅影响到了浙江，也传播到了整个互联网领域，不仅国内甚至国外的很多互联网专家也都对《新京报》的报道予以高度肯定。

传媒研究：你认为本次报道，还有哪些地方需要进一步完善？

戴自更：需要完善的地方当然有，包括很多细节上的问题，比如在会议召开的当天，报纸运到之后，由于我们没有提前了解到送报时间，后来才得知主办方要求超过 10 点就不能再向嘉宾和领导的房间送报纸了。后来经过我们的协调，才将报纸送到了房间。

从整体上来讲，也有很多方面需要进一步完善，比如版面的规划要更清晰一些，记者采访更高效一些。还有一点，因为世界互联网大会是国际化的会议，所以未来我们还打算进行双语报道，当然相应的人力、物力方面的投入也会更大一些。

在媒介融合的转型路上谋求"蜕变"

传媒研究：2014 年是《新京报》创刊 11 周年，在今年的纪念活动中，你提到了报社将实现华丽"蜕变"，那未来《新京报》将会有哪些大的变化？

戴自更：《新京报》作为传统的媒体，我们核心优势有两个：第一个是我们内容原创的能力，第二是《新京报》当前的品牌影响力。如果我们想实现"蜕变"，想跟新媒体更好融合的话，我认为首先要解决几个问题：

第一，虽然我们的原创能力、品牌优势在，但是我们的传播渠道，即通过传统发行的方式确实比较落后了。所以《新京报》未来转型之路必须跟互联网企业谋求合作，从而打开一个出口。原创内容、报道的专业水准都是我们的长项，但我们之前依赖的纸质传播形式有我们的局限。

第二，我们自己去建立一个互联网的渠道不现实：一来投入太大，二来门槛太高，最主要的是成功的可能性也不大。所以我们要成功转型，就需要我们与一些互联网巨头合作，建立一个必要的联系。《新京报》的内容和互联网巨头的渠道嫁接起来，在我看来，是可以双赢的。

为什么之前很多纸质媒体自己搞了网站、移动客户端的软件等，最后大多都无疾而终？这是因为你搞得这些跟专业的互联网公司相比，毫无竞争力可言。前面已经有门户网站掠夺了我们的内容资源，紧接着像《今日头条》这类手机应用也掠夺了我们的内容资源，那面对第三波的无线终端的冲击，我们该怎么办？我们不应该敝帚自珍，不去跟人家合作，我们的内容原创优势还有，但是随着互联网的发展，这种优势在逐渐被削弱，所以我们要与互联网巨头结成联盟，形成更加有效的传播方式，这样一来，《新京报》才能找寻到未来发展之路。

传媒研究：《新京报》与腾讯合作创办的京津冀网，未来的定位和发展方向是什么？

戴自更：腾讯就是刚才我所提到的《新京报》要合作的互联网巨头，它的用户规模都是以亿计算的。虽然《新京报》纸质版的发行量在北京地区是名列前茅的，达到 80 多万。但与之相比，显然它的用户量要大得多。《新京报》与腾讯合作的京津冀网，采取我们做内容，他们做渠道的方式，可以说是强强联合，将各自发挥自己的强项。

谈到京津冀网的定位和未来发展的方向，京津冀地区人口总数近一亿两千万，这么大的一个人群，相信未来会有更多空间与可能性。从短期来说，我们的定位是京津冀区域的门户网站，譬如之前腾讯与重庆日报报业集团合作的大渝网、与广东南方报业传媒集团合作的大粤网，以及与浙江报业集团合作的大浙网等，都是区域性的门户网站。模式非常成熟，主要内容是区域性的各类新闻资讯与服务，未来如果我们运作顺利的话，从长期来讲，未来随着用户的增加，影响力的不断扩大，服务的不断升级，我希望京津冀网能够为京津冀的融合发展助一把力。

传媒研究：未来在媒介融合方面，《新京报》还有哪些具体的措施？

戴自更：类似于跟腾讯的这类合作，我们还会继续。就像《新京报》在 11 周年的宣传中提到的：无论千变万化，《新京报》的情怀、《新京报》的精神、《新京报》的品牌影响力与内容原创能力是我们始终珍视的价值所在，也是我们的核心竞争力。《新京报》与任何机构合作，都要依托于这一优势。

在此基础上，未来《新京报》还将进一步实施"泛文化"战略，包括在影视制作方面的投入，因为《新京报》的娱乐报道在业内具有很好的口碑，与诸多知名影视公司和制作方都保持了很好的关系，他们都非常信任《新京报》，如果《新京报》与其进行投资方面的合作，那么成功的可能性就比较大。

另外我们还会借助一些新的传播形式和技术，像我们之前推出的"动新闻"，就是通过动画的方式来对新闻进行生动有趣的解读，让我们的新闻内容变得更加丰富多彩，传播形式更加立体。当然这也需要我们找一个强势的视频传播平台一起合作。

从长远来讲，我想《新京报》要利用当前的品牌优势，跟一些财团进行一些文化投资方面的合作，因为未来单靠广告、单靠发行，传统纸媒要走出困境是很难的，如果我们要想做大做强，就需要《新京报》现有的内容板块，现有的人员，多多接触并进军互联网领域，对于"泛文化"领域进行投资，包括影视、艺术和游戏等行业，从而把《新京报》的内容和人才价值扩散出去。总的来讲，短期内是把《新京报》的内容与互联网的传播渠道进行结合，长期来看，《新京报》要更加地发散，做"泛文化"的概念。

传媒研究：作为《新京报》的创立者，处在当前的"蜕变"阶段，在你看来，与《新京报》创立之初相比，处境有何异同？

戴自更：现在与11年前创立《新京报》时的情况完全不一样。在当时，我们的目标是办一份报纸。想依托于当时的传播格局，希望《新京报》能够在传统报业市场里占有一席之地，从而取得领头羊的地位，特别是在首都北京这种报业竞争如此激烈、高举高打的地方闯出一片天地来，这是我们当时面临的第一任务。

目前来看，我们的第一步目标已经达到了。但是整个互联网时代所带来的传播格局的变化，迫使我们不能以此作为我们常青不败的本钱。互联网正在削弱我们建立起的品牌优势，接下来，我们要随着时代的改变、社会的改变，寻找出一条出路。这条出路目前来看，还没有哪家传统媒体能够走得通的，希望《新京报》能成为成功者，寻找到一条可行之路。

新闻环境的变化，与 11 年前相比情况差不多。但是市场和传播方式却发生了很大的变化，这两方面的改变就逼迫《新京报》必须转型，如果我们还只甘于在报业内做领先者，那是没有出路的，或者说出路是很渺茫的。也许未来北京的两千三百万人口只需要一份"象征性"的报纸，那也仅仅是留在那里看一看而已，任何优势的东西，无论它多么华丽，最后都是要跟现实结合起来。不是修修补补的改变，而是要有大刀阔斧的、翻天覆地的改变。除了我们的内容、我们的立场、我们的价值观需要坚持之外，其他的东西都是可以改变的。所谓"变则通，守则死"，就是这个道理。

在大会期间,参会人员对会刊的需求大致经历了这样的趋势:第一天,出于需求,随身携带;第二天,有了期待,主动索取;第三天,主动收藏,留作纪念。

宋识径(右一)。

从互联网大会报道看《新京报》的专业与创新

宋识径 | 新京报中国国际新闻部副主编

2014年11月19日至21日,历时两天半的首届世界互联网大会在浙江乌镇举行。19日至22日,《新京报》获国信办(国务院信息化工作办公室)授权,采编制作出版4期大会会刊,总计124个版面,在北京、乌镇两地同步发行。新京报社由编委会统筹,从6个采编部门抽调近百人,负责实施会刊制作。会刊以"互通互联、共享共治"的大会主题为基调,全方位报道大会的盛况和取得的各项共识,获得了主办方领导、参会嘉宾、与会记者、读者网民等的高度评价。

从新闻报道的创新与突破上,通过此次会议采访,《新京报》报道团队也获得了很多宝贵的经验,现将其简单进行梳理并与大家分享:

立足新闻,突显服务

会刊内容权威翔实,兼具新闻性、专业性、可读性与服务性,充分传递了大会的主题和盛况。会刊突破传统模式,融合综述、现场、专访、图片、图表等多种新闻报道形式,既全景展示大会各论坛情况,实录嘉宾发言,又选择重点议题做深度报道和人物专访;既关注会场内的精彩交锋,也关注相关政策背景;既突出专业性介绍行业发展趋势,又强调对参会人员的服务性,刊载详细议程和路线指引。整体来看,会刊内容权威翔实,既体现专业水准,又做到了形式活泼,可读性强,服务性好。

嘉宾专访是会刊的核心内容。据不完全统计,4期会刊共专访嘉宾47位,基本覆盖本次大会中的所有重要嘉宾,包括俄罗斯总统助理、爱尔兰前首相、ICANN总裁、美国"8大金刚"负责人等"外国明星",也有马云、马化腾、曹国伟、刘强东、邬贺铨等中国互联网巨擘。

11月20日参加李克强总理会见并座谈的大会70位重量级嘉宾中有2/3以上接受过会刊的专访。会刊实录了175位嘉宾的论坛发言,专题刊登了百余位重要嘉宾的名单和照片。

在大会开幕当天,《新京报》对中央网络领导小组成立以来中国互联网的发展、治理做了盘点,对本次大会做了全景式的前瞻;在大会闭幕后,又对大会的意义和取得的成果做了综述和评论;会刊还生动地报道了李克强总理会见与会中外代表的全景场面,这些都充分展示了首届世界互联网大会规格高、规模大的盛况。

在版式设计方面,会刊充分体现中央将世界互联网大会落户乌镇的深刻用意,着重展示中国传统文化和世界互联网新技术的完美融合,既体现了水墨江南的传统之美,又突出了互联网时代的现代感。版式简约大气,突出人物照片等视觉元素,提升了会刊品位。

异地操作，融合传播

会刊覆盖北京、乌镇两地，大会期间做到嘉宾人手一份，同时加大网络传播推广力度，产生很好的传播效果。为了让所有与会嘉宾当天看到会刊，我们首次采用异地印刷发行的方式。11月19日至21日三期会刊，每天在乌镇同步发行6000份，覆盖主会场、嘉宾下榻酒店、餐厅和景区主要公共场所，实现了与会嘉宾、媒体记者和工作人员人手一份的发行目标。特别是第一期48版会刊于18日晚就送达乌镇，赶在大会开幕前，为刚刚报到的嘉宾、记者提供了一份最权威、最全面、最解渴的大会资讯。

在大会期间，参会人员对会刊的需求大致经历了这样的趋势：第一天，出于需求，随身携带；第二天，有了期待，主动索取；第三天，主动收藏，留作纪念。"大家都在看会刊"成为首届世界互联网大会上的一道独特的风景线。从高层政要、顶尖专家，到网络大咖、参会记者，都在不同场合表达对首届大会会刊的充分肯定，称赞会刊与首届世界互联网大会的地位相匹配，增进了各界对大会的了解。俄罗斯总统助理伊戈尔·肖格列夫在看到会刊后说，整体样式看起来很棒，"我很喜欢"；浙江省副省长毛光烈拿到会刊后认真阅读了20分钟，从头版一直看到最后一版；京东商城创始人刘强东、新东方总裁俞敏洪、全球移动通信系统协会会长潘福爱等嘉宾在会场高兴地与刊登个人专访的会刊合影；美国信息技术产业理事会CEO迪安·加菲尔德和丹麦商业局副局长费恩·彼得森对记者说，会刊很不错，图片和排版很漂亮，虽然不懂中文，但他们看到了很多嘉宾访谈的照片，很多他们都认识，很棒；中企网络通信技术有限公司副总监赵凤艳说，这次的互联网大会会刊她连看了三期，报道得很充分，照片也都不错，她会拿一套带回去收藏。

在北京，各方也对随《新京报》发行的大会会刊称赞有加，北京市委宣传部领导给予充分肯定。会议结束后，新京报还接到多方电话，要求提供帮助，收藏会刊。

在网络上，大会会刊也得到广泛而有效的传播。新京报网、新京报新闻客户端开设专题，设置大会新闻直播间，共发布即时新闻文字稿件40条、图片近 200 张。新京报官方微博、官方微信将会刊内容重新包装制作，共发布相关新闻 50 余条，其中《1 分钟了解 24 位中外大咖互联网预言》一条微信的阅读量就超过了 10 万。11 月 19 日，会刊提前专访到 24 位互联网领袖的报道被各大网站在首页、客户端、微博微信官方账号进行广泛转载，截至 11 月 24 日 15 时，相关新闻转载网站 1184 家，点击量约 2134.6 万次，跟帖量 85.6 万条。会刊独家采写的深度报道《中国式治网获世界点赞》《李克强总理座谈会全记录》《首届世界互联网大会达成 9 点共识》等都被各大网站争相转载，累计点击量超过 3000 万次。

协同配合 注重品质

综观策划、采访、编辑、发行等各个环节，会刊能够取得很好的传播效果，我们认为主要有以下三方面原因：

首先，国家网信办的大力支持和各级领导为会刊的采访、发行给予了特殊的方便和照顾，特别是鲁炜主任的亲自指导保证了会刊的定位准确、方向明确、框架合理、重点突出。会刊的采访、发行工作也得到了国信办网络新闻信息传播局等相关职能部门的鼎力支持，从办理记者证件，到提供并联系采访嘉宾、为稿件把关，以及督促会刊发行等方面都给予很大帮助。浙江省委宣传部领导也为会刊提供了很多支持和便利，特别在后勤保障和会刊发行方面。

其次，新京报倾力投入，整合各部门采编力量，确保在时间紧、任务重的情况下保质保量完成会刊任务。此次会刊制作，由新京报社长戴自更亲自牵头策划组织，并在大会期间赴乌镇前方协调指挥，总编辑王跃春全程统筹，为确保会刊采编质量，整合近百人的团队参与采访、编辑、设计、印刷、沟通等各个环节。其中，采编团队以时事、经济为主要班底。精选 17 位外语能力突出的记者，由两位部门主编带队，负责前方采访；后方组织来自多个部门的最有经验的 30 多位编辑组成会刊编辑部，从 11 月上旬确定会刊任务开始，即进行全程策划、设计和制作。值得一提的是，会刊出版期间，《新京报》日常版面并未减少，这些编辑在制作会刊的同时，还担负着日常版面的编辑工作,因此全部处于超极限的工作状态。其中第一期48版会刊从策划、采写、编辑到印刷出版,仅用了9天时间,创下《新京报》史上的一个新纪录。

第三,《新京报》采编的创意和专业能力贯穿会刊制作的全过程,使会刊成为一份内容丰富、个性鲜明、精彩有趣的新闻纸。《新京报》作为一份有影响力的城市日报,在坚持正确舆论导向的同时,也形成了独特的风格:新锐、专业、创新、大气。在此次大会报道中,记者采写多篇重头独家报道,体现了《新京报》专业的采编水准。比如会刊第一期刊登的《中国式治网获世界"点赞"》,详解中央网络领导小组成立以来中国治理互联网的思路,为大家了解互联网大会召开的背景提供了权威解读,内容以事实说话,不说教不做作,让读者容易接受。李克强总理会见世界互联网大会嘉宾,《新京报》记者作为唯一中国市场化媒体参与报道,采写稿件鲜活,现场感强,让读者充分感受到了中国政府最高领导人对互联网大会的重视,和对互联网发展的关心。

11月19日,国家互联网信息办公室的鲁炜主任在接见会刊前方报道组时提出要求:大会要一直开下去,会刊也要一直办下去,《新京报》要承担起这份责任。

这让《新京报》人备受鼓舞。大会结束后,《新京报》已在第一时间召开会刊采编总结会议,总结经验、发现不足,并对今后的会刊采编制作提出构想。明年,《新京报》将继续在国信办的领导下,提前策划、充分准备,力争在今年基础上让会刊品质和影响力获得更大的提升。

患有脸盲、路痴的记者显然不适合参与这次报道。

刘夏。

我如何采访到互联网大佬？

刘 夏 | 新京报经济部记者

淡季的古镇意外迎来了远方的客人：近100个国家和地区的1000余位嘉宾、海内外600余名记者涌入。我只是其中之一，由于平时关注互联网产业、公司层面比较多，这次的着眼点也聚焦在企业家大佬身上。

跑口记者的先天优势

在出发前一两天，先跟建立过联系的企业对口人打了一圈招呼，一来问清楚陪同人员电话和大佬们的具体行程，二来看能否提前敲定采访时间。

结果让我非常失望，收到的反馈完全一致——这次真的没办法帮忙，还是现场去堵靠谱！

从后来三天的会议进程上看，也难怪他们会对安排专访感觉为难：本来大佬们行程紧凑，终日都在匆匆赶场；更悲剧的是，助理、随行人员拿到的证件权限较低，主会场都进不去，一不小心就有人跟老大失联了，有心无力啊。

11月19日早上，跟其他同事一起来到"新媒体"论坛，前几排椅子上都贴好了名签——其中有不少是唬人的。因为提前已经问到了谁会来，谁不会来，于是决定抓个稳稳能出席的——优酷土豆集团CEO古永锵。

我决定先在门口报到地点守着，早点问完早好，踏实写稿去。万一会议结束乱成一锅粥更难办。

开会前两三分钟，古永锵才匆匆忙忙出现，听我说明采访需求后，表示时间已经不够了。可是等他落座后，我发现开会时间好像推迟了，就又跟他争取，但他依然坚持要准备演讲内容。没办法，我就回到自己座位上开始听会。

一直等到古永锵顺利完成自己的演讲下台就座，一副轻松的样子，我知道机会来了，给他发了个短信。很快收到回复，答应接受专访。

有意思的是，跟随古永锵出来的路上已经不知不觉带了一长串"尾巴"，于是他顺势钻到了厕所里。再出来发现人更多了，无奈被逼至墙角，愉快回答了大家的提问。

抓大佬还是要靠自己

当天下午那场"移动互联网"分论坛上，主办方公布软银集团董事长孙正义会出现，这让我非常期待。对于国内BAT（百度、腾讯和阿里巴巴的合称）等公司大佬，毕竟或多或少还是有对话机会的，而这个和马云一样"又矮小又聪明"的男人真的是太神秘了。

英语能力不错的赵嘉妮和我，将孙正义锁定为目标。上午论坛结束便带上一盒饼干到了下午论坛现场占座守候。午休的这段时间内，我们提前看到了嘉宾演讲的 PPT，还遇见了孙正义团队"三人组"（但是对方一个个死不承认）。

当桌上的名签摆好，让我们大吃一惊——除已知演讲嘉宾全球移动通信系统协会会长潘福爱、脸谱公司全球副总裁沃汉·史密斯、中国联通董事长常小兵、中国工程院院士方滨兴、软银集团董事长孙正义、腾讯公司 CEO 马化腾等外，阿里巴巴集团董事局主席马云、搜狐公司 CEO 张朝阳、京东集团 CEO 刘强东和新东方董事长俞敏洪的名签，均出现在观众席中。

只是大会首日一场"分论坛"，嘉宾阵容竟不输任何一场互联网业界盛会。我脑海中已经提前浮现出了不久后这里"卖挂票"的阵势（俞敏洪只稍稍来迟就被挤到了第三排……），等人来了再问肯定没戏。于是赶紧和嘉妮跑到安检口守着。

事实证明这个决定非常英明，在大会开始前，我们已经把刘强东、孙正义的专访搞定，还约好了马化腾的专访。

在我印象中，刘强东自轰动一时的 2012 年 8 月 15 日电商价格战后就开始走沉默路线，没有抛头露面接受过专访。孙正义、马化腾就更是如此。不过既然来了乌镇，又是众媒体熟悉的"明星脸"，就不容他们低调了。

在主会议室旁边有一个专门为嘉宾准备的休息室，一过安检就有负责人把嘉宾请进去、关上门。刘强东走过安检时，正赶上逢嘉宾涌入会场高峰期，趁负责人不留神我跟着闪身进了休息室。

进来以后，发现之前被塞进来的潘福爱、常小兵、马化腾、张朝阳、古永锵等人都在里面坐沙发上聊天，不过分身乏术，我只完成了对刘强东的专访任务。结束时再碰到嘉妮，她很高兴，说已经访到了孙正义。

一桩桩憾事

事实上，我们大多数时候运气并不好，遗憾多过侥幸。对马化腾的采访因为秩序混乱近乎失控，只提问了三个题目就在推搡中结束。眼看马化腾嘟囔着"空调能不能关小一点"，边擦着满头的汗被壮汉护送离开。

马云每次出现都摆一张"扑克脸"，不发一言，疾行穿过人群，背后拖着长长的"尾巴"——伺机上前的媒体和合影爱好者。20日一早的时候，我稀里糊涂进去一场闭门会议，见马云和一群老外飚英语。刚掏出录音笔就被请出去了。出来撞见报社的摄影记者浦峰，说他刚冲到门口就被拎走了，哎，估计是因为摄影器材太招摇了。

参会大佬们也有自己的遗憾，"我今天凌晨两点钟才到达乌镇，老实说还没有时间游览。"19日中午刘强东是这么对我说的。他也一直把这份遗憾保留到了最后。

看看他的日程表：11月19日上午11时，大会开幕式；下午2时，"移动互联网论坛"；接下来是晚宴就餐，欣赏文艺节目；晚上8时，央视财经频道的《对话》栏目。20日上午9时，"中外互联网领袖高峰对话"；而当天中午之前，他已踏上去往杭州的行程，接受正在浙江考察的国务院总理李克强接见。这些争分夺秒的行程均是公开的，还未将闭门会议算在内。相信大部分参会大佬都是如此。

患有脸盲、路痴的记者显然不适合参与这次报道。其一，不算国内嘉宾，半数嘉宾来自海外，大都陌生脸孔；其二，乌镇景区地形复杂，石板小路曲折蜿蜒。不过，这在增加了会场找寻难度的同时，也增添了与采访对象邂逅的机会。一天傍晚，我撞见雷军趁着暮色跟助理走下小桥去赴晚宴，见是记者，垂下头来步色匆匆。"雷总能接受下采访吗？""你不是采过了吗？"助理拉上他就走掉了。

在这次会议的前后,各种厚皮脸的招数我都用过了,比如一个女汉子扮柔弱撒娇,有时装傻充愣,有时大晚上因为一件急事就骚扰一众人。

李丹丹。

"女汉子"记者在互联网大会

李丹丹 | 新京报中国国际新闻部记者

热闹与紧张

10月的最后一天,我踏上了去南方的路。初到时,正在举行戏剧节的乌镇张灯结彩,被翻山越岭而来的戏剧青年们占领。夜半的水边,他们对灯畅饮黄酒,嚼花生米。

整个镇子遍布着一种即兴的热情。然而作为外来者,我很难找到和互联网大会相关的痕迹。这种张扬的释放,文艺的表达却和我要采访的内容南辕北辙。

如果说彼时的乌镇洋溢着戏剧嘉年华的热闹，那么就只有昭明书院二楼的会议办公区，才有大会之前的紧张气氛。

因为是第一个前去采访的记者，我就在昭明书院二楼和筹备组的人一起办公。在办公区的旁边，隔开了一个会议室。一拨拨人全天候轮换着开会，那种软侬的方言是如何变换成铿锵有力充满节奏感的语速始终让我疑惑。隔壁会议室里的领导一茬茬地换。一会儿是省委的，一会儿是市委的；讨论嘉宾如何接待，媒体怎么接送。

因为工作需要，我会时不时骚扰筹备组要各种联系方式，但他们都非常配合，也毫不忌惮我的存在。我们一起吃盒饭、聊天，也吐槽南方阴冷的天气。我们聊双 11 准备买点啥，乌镇好吃的真是少……

在这里，没有层级之分。每个人都是整个机器运行的一环，没有人是单纯去发号施令的。甚至有位长期坐办公室的姐姐主动要求调来，就是为了这样的体验。来自不同行政级别和行政单位的人们脱离了他们原来的身份，在这里，他们被赋予全新的角色。旅游局的工作人员在这里负责对接媒体，宣传部的同事在抓耳挠腮找选题。

温暖与收获

一个北方的来客显然对南方狡猾的湿冷毫无防备。在一个毫无征兆的早上，我发现自己喉咙撕裂般的疼痛，张口说话时嗓子就像被刀子滑过。当地筹备组的一位姐姐知道我病了后，给我送来了两包板蓝根。在一个封闭的景区，这应该是这位姐姐能从办公室和同事那里搜罗来的最和治疗感冒发烧有关的药了。

然后，11 月 17 日是第一期会刊签版的日子，那种紧张已变成箭在弦上的紧迫。每个人都步履匆匆，甚至没有时间吐槽，少眠、无眠、身体不适、超负荷运转……工作一环扣着一环，在有条不紊地推进着。

为了确保信息的准确无误，我有几篇稿子需要跟大会主办方确认细节。当天下午 5 时 30 分。这位负责人才匆匆地从会场出来，开始认真的跟我核对信息，1 个多小时后，我们一起完成了审校工作，而他又要立即奔赴另一场会议。

与此同时,我的一位采访对象——桐乡市市长,已经在昭明书院的一楼等了我一个小时。

然而令我意外的是,当这位市长见到我时,他却没有任何抱怨,反而敦促我去吃晚饭。因为再晚的话,饭堂就把晚饭收起了。

乌镇到了晚上后,从景区出去就不再那么方便,没有公交也没有出租车。在会议还没开始前的筹备阶段,最晚一次离开乌镇是大约凌晨一点多。当地筹备组的几位同事知道我会晚归,又为了照顾我的安全,专门委托另一位同事送我到住的地方。预计采访的时间从晚上10时、11时,一直到12时30分。那位素未谋面的、受人委托的同事就一直等着我,直到送我回去。

在这次会议的前后,各种厚皮脸的招数我都用过了,比如一个女汉子扮柔弱撒娇,有时装傻充愣,有时大晚上因为一件急事就骚扰一众人。

但是感谢这样的机会,感恩我遇到的这些可爱的人。

他们为了我的采访请求和相关部门死磕,终于让采访对象在百忙之中半夜12时30分接受采访;他们为了让第一期会刊准点到嘉宾的住所,打电话甚至说狠话,最终陆续让会刊达到了预期的传播效果。我曾经和主办方的一位长期被我骚扰的朋友开玩笑,我说如果有人每天这么给我打电话,我早就不接了,因为一打电话来就是有事要办。

不过,幸运的是我遇到了这么多靠谱的人。

这场世界互联网大会,在我看来,是另一场戏剧节,我们每个参与其中的人都是一个角色。虽然剧终还是会散场,但是曾有这样的经历,对我们许多人而言,就已是最大的收获。

OMNIMEDIA RESEARCH 全媒体研究

赵勇力　耿小勇：开启全媒体探索之路

陈　璐　动新闻：如何动得恰到好处？

颜颖颛　用互联网思维做"动新闻"

包宏广　干杯，为了不一样的世界杯

范　遥　高科技的巴西世界杯

祝炳琨　世界杯自制脱口秀的"狂欢"

报纸与互联网的融合发展是一种很好的尝试。

耿小勇。

耿小勇：开启全媒体探索之路

赵勇力｜新京报传媒研究院研究员

在负责新京报新媒体部门之前，耿小勇曾做过记者，也担任过采编部门的领导。转型对于他来说，没有不适应，他看到的只是更大的空间与无限的可能。

对于团队创作的新闻产品，他努力把关，用心推广。而在商业探索的这条路上，他坦言，从整体的业界环境来看，这还需要一个过程。

对于未来，他认为一定要打造一个《新京报》自主的新媒体开放性平台，只有这样，才能够承载《新京报》品牌的发展。

转型　有未知，就有无限可能

传媒研究：现在一提到传统媒体或者传统媒体人，都会提到一个词——"转型"，我知道你之前一直在做记者，之后是北京新闻部副主编，为什么后来想到转型来做《新京报》的新媒体业务呢？

耿小勇：我来新京报之后，就一直在做采编工作。2012年互联网正火的时候，也有很多之前离开报社的老领导想拉我一起去干互联网，但我最后还是没舍得离开，一是因为新京报是一个有情怀的地方，我对报社有很深的感情；另外，可能当时作为传统媒体人，感受到的压力也不是特别大。但我也越来越感觉到，在报纸的采编工作时间久了，就很容易把自己禁锢住，而且很多创新，受到了报纸载体的限制，想象空间比较小。对于工作，我甚至能想到未来3到5年会是怎样的一种状态。再过两年，或许这种拼搏的勇气都没有了。

直到2013年底，当时的副总编辑刘炳路提出了要建立"打通互联网与报纸的全媒体编辑部"的想法。我个人觉得这个思路非常好，报纸与互联网的融合发展是一种很好的尝试。对于我自身来讲，如果直接跳到商业网站去，心里总有一种不踏实的感觉，觉得"根儿"没有了。这个机会对于我来说很合适，所以当时就下定决心，到报社的全媒体部试试看。

传媒研究：那对于这种转型，你开始的时候适应吗？起初遇到了哪些困难？

耿小勇：不适应倒是没有，我这个人的适应能力还是挺强的。不过，来这儿之前，有很多老同事都问我为啥要转型做新媒体？因为大家都知道，在此之前，那时的报社新媒体还只是新京报网，相对于报纸来说是不太受重视的，一些领导也跟我说，很支持你转型，但是要有心理准备，到新媒体之后，可能没有之前在一线采访时那么有成就感。其实我心里也知道，比如之前在报纸上做一篇调查报道，从获得总编辑奖到获得年度新闻金奖，都会受到报社、业界及社会无数的赞誉，但是到了互联网，这些报道可能很快就会淹没到信息的海洋中，成就没有那么明显，这就是之前同事和领导给我的建议或者说忠告。但是我清楚地知道，有未知，就有空间，有空间，就会有无数可能性。

所以到全媒体编辑部之后，我首先是跟团队的同事强调，只要认真地把事情做好，把《新京报》的品牌影响力不断扩大，把新媒体产品的品质提升上去，我们就不比报纸的同事差。到目前来看，这种状态基本上已经扭转了，我们的工作也获得了大家的肯定。

产品　内容很关键，推广更重要

传媒研究：这半年来，你们具体做了哪些工作？

耿小勇：我们知道，之前在很多报社里，新媒体业务只是报纸业务的一种附属，只是单纯地把报纸上的内容搬到网上。而在重新成立了新京报全媒体部门之后，我们也做了很多原创的内容产品，从最初的新京报微信公众号改版开始，设立了"媒目""图个明白""记者手记"等栏目，再到后来的新闻音频、视频节目的尝试。通过这一次改版，也极大地提升了《新京报》的影响力，使更多粉丝，尤其是不在北京的粉丝都能够阅读到《新京报》的精彩新闻内容。

因为新闻视频节目受到粉丝的欢迎，我们又再接再厉，成立了更为专业的"动新闻工作室"，在世界杯期间，我们就推出了自制脱口秀节目《女神干杯》《疯说世界杯》，效果很不错，每期节目视频的点击率都很高。

另外，我们努力将即时新闻打造成为"最迅速最独家最权威"的新闻信息产品，一些信息完全执行"先网后报"的原则，使得即时新闻逐渐地形成一定的影响力。比如在2014年两次马航事件、鲁甸地震等突发灾难性报道中，我们的新媒体报道就获得了很好的效果和社会影响。

传媒研究：之前有媒体人争论，到底是"内容为王"，还是"渠道为王"，其实我们知道，好的内容加上好的推广，才是王道。在推广方面，你们都做了哪些工作？

耿小勇："如何把做出来的好产品，产生更好地传播效果"，我认为在互联网时代，推广不断受到关注，是由于推广的方式发生了变化，像《新京报》发展11年来，也是经过不断的推广，获得了现在的品牌影响力。那现在，我们通过新媒体的互联网手段，需要把报纸上的好内容做更好地推广，同样需要智慧与千万倍的努力。我觉得，互联网上的推广，最怕的是自娱自乐，做出的产品如果只是内部的采编来评判有多好，其实往往很难产生好的推广效果。

传媒研究：那什么才是目标用户喜欢的产品？你们的标准是什么？

耿小勇：就拿我们动新闻工作室的动画视频《广场舞绝顶高手秘籍》为例，其实这是我们的一个试水产品，就是看看我到底能不能做。选择广场舞这个题材，是因为它相对来说，比较好操作，这种现象是普遍存在的。而且那段时间，也发生了很多广场舞的新闻，比如为了抵制广场舞，有居民向广场舞爱好者泼粪、打枪，甚至放藏獒等，新闻素材很丰富。

确定了这个题材，我们就要考虑风格，其实很多动画公司，虽然技术很好，但是没有自己的风格和理念，做出来的动画视频就不会好看。而我们技术团队的水平，从总体上来说，至少在所有做动画视频的传统媒体中，还是数一数二的。即便拿到整个动漫行业中去比拼，也肯定不是属于水平差的。因为我们的团队成员之前也大都是在专业动漫公司从事动漫创作的。

有了技术上的保证，我们还有另外一个很大的优势，就是我们是最懂新闻的动漫团队，新闻素养是最高的，比如对于新闻事件的专业解读，我们不仅要使视频更加有趣，还要使其成为有思想的动漫。比如在《广场舞绝顶高手秘籍》的视频里，在看过热闹之后，我们会想到什么呢？从这个视频里，你看到最后就会知道，其实广场舞是一种老年群体的无奈，如果年轻人能够常回家看看，多陪陪老人，老人与家人在一起的时间多了，可能广场舞这一矛盾就会有所缓解。

传媒研究：除了动画新闻视频之外，还有哪些尝试？

耿小勇：除了动画新闻视频之外，在"动新闻"这个项目上，我们还有一类现场新闻视频，我们把它命名为"动现场"，是我们新媒体团队充分利用新京报摄影记者采访时录制的现场视频，在经过新媒体编辑剪辑之后所形成的产品。比如前不久在记者《卧底汉丽轩烤肉》的暗访报道，就非常适合做成"动现场"。值得一提的是，这条视频上线之后，点击量很快就突破了千万，与报纸上的文字内容形成了多维的传播形式，效果非常好。

除此之外，我们还对近期的一些新闻热点进行盘点，通过视频的形式，让受众对这些热点有一个更加全面的、直观的了解。另外，我们受世界杯期间自制脱口秀节目的启发，想继续做一些品牌化的节目，所以在近期我们策划了一档《新闻囧播》栏目，即把一周之内发生的新闻事件，做一个5分钟左右的专题，以一种风趣幽默的包装形式呈现。

未来我们还计划和报社的娱乐、体育等部门形成更多互动，联合推出一些新闻产品。

所以从对新闻内容的传播形式上来看，我们既有文字，又有图片、音频、视频等形式，基本上实现了全媒体传播，是一种集成式的报道形式。

商业　新的模式需要一个过程

传媒研究：在内容的传播形式上，的确做了不少创新，但如何让这些产品产生商业价值，在商业模式探索的这条路上，你们目前都做了哪些尝试？

耿小勇：在商业化这条路上，我们现在也在进行一些尝试。从整体上来说，现在也积极推广我们的新媒体产品集群，希望将之前报纸的广告商吸引到新媒体中来。然而从目前来看，很多广告商还没有在这方面进行过尝试，所以比较犹豫。因为他们虽然觉得现在报纸的阅读量有所下降，但是《新京报》的品牌影响力还是很大的，在报纸上做广告，可以展现其自身的品牌实力。而目前我们的新媒体从整体上来说，还没有形成强大的影响力。

但我们也一直在努力，先从一些单项产品上寻求新的突破，比如我们的"动画视频订制"业务，就是给一些机构量身打造宣传视频，比如前不久我们为北京市第九届民族传统体育运动会制作的动画视频，这条长约2分钟的视频，在该赛事举办期间，曾在北京电视台及北京北站、西单等大屏幕上滚动播出，起到的传播效果非常好，获得了主办方的一致认可。同时我们也会为一些企业制作宣传片，但目前还都在起步阶段。

传媒研究：如果将自制的视频节目卖给商业网站，或者采取广告分成的模式呢？

耿小勇：在目前这个阶段，这方面是有一些无奈的。比如新京报网的定位是新闻网站，大家都知道《新京报》的新闻内容很好，但是大家来新京报网看新闻、看视频，主要还是靠来自百度、360等搜索引擎的抓取，网站流量还无法与新浪、优酷、腾讯等商业网站相比，所以在商业广告投放这一块儿，我们的条件还不成熟，目前还只是一个内容展示平台。而为了扩大我们的品牌影响力，我们目前就只能先将这些视频节目免费上传到优酷等视频网站上播出，以借助他们的平台优势来扩大我们的品牌影响力。

其实像我们一样在进行这方面商业模式探索的其他传统媒体，比如《南方都市报》、壹读的视频团队，目前也都还处于起步阶段，未来这条路到底走不走得通，还需要多方的尝试与努力，这是需要一个过程的。

传媒研究：也有很多人说，纸媒还有另外一种商业模式，就是转型成为一个单纯的内容提供商，靠出售版权来盈利，你觉得这条路走得通吗？

耿小勇：走不通。要知道，在国外，版权问题是非常受人重视的，任何网站要转载别人的内容，是一定要经过版权持有者授权的，否则违法的成本会非常高。而在中国，这种成本太低了，而我们的维权成本相比就太高了，比如有网站或者APP偷着用了我们的内容，我们要找他们打官司，他们就会说，你找好了，你找到哪条我偷着用了，如果告赢了，我就赔你哪条的钱，顶多也就两三百块钱，而我们付出的维权成本则很高，单单是在报纸上公布这些维权信息，平均下来，一条信息就要好几千块。如果我们再算上采编成本，就更多了。

所以，这也是中国的纸媒想转型成为内容供应商这条路走不通的原因，先不说偷偷转载的内容，就算是正规的授权，一条新闻平均下来也才几百块，根本养不活报社为这条新闻而付出劳动的采编人员。

成功　要敢于转变，要做自己的平台

传媒研究：看来想成功转型，不管是大到一个媒体，还是具体到一位媒体人，都不是一蹴而就的。作为一个转身之后的媒体人，在你看来，转型的关键是什么？是整个体制的变革还是人的思想转变？

耿小勇：我觉得这两者都需要，但最关键的首先还是人的思想转变。比如文字记者，我采访很厉害，文字很厉害，但要是让我拍照片，我就觉得挺烦的；再比如摄影记者，我拍照很厉害，但是让我拍视频，我就觉得没必要。但是我们做一个比较，就拿之前暗访烤肉店的这个案例，我们在报社上的文章和照片，按照现在报纸的发行量，顶多就是88万人看，而这个视频放在网上，却形成了上千万的点击量，这在影响力上来讲，谁在传播上更具有优势是显而易见的。所以全媒体的整合传播就对我们提出了更高的要求。

再谈谈体制变革的重要性,像我们的即时新闻,之前是隶属各个部门的,虽然报社在体制上设立一定的考核,但是有时大家为了完成数量,往往在品质上就有所欠缺,放到报网之后,点击率并不高。现在我们的全媒体部门,专门成立了一个即时新闻团队,很多都是来自之前各个部门的精英,我们统一要求,统一操作,所以近半年来,即时新闻在质与量上都有了很大的提升。每天我们能产生的即时新闻,在各大门户网站上,几乎都占据首页新闻热点话题 Top10 中的 3 条以上,好的时候甚至达到 6 条。

所以从人的思想上开始转变,有了内在的动力,工作起来才会更加积极,也才会产生更多的好东西,而体制只是保证各团队完成协作的一种框架,重点还是在做的人怎么去想,怎么去做。

传媒研究:未来你们的目标是什么?

耿小勇:其实目前报社并没有给我们订立太高的盈利目标,重点在于框架的搭建,包括内容生产机制,推广机制,商业模式的建立等。我们未来的目标是要做自己的平台,集合更多的报社内外资源,建立一个更加开放的平台。目前很多项目也都在启动过程中,不久的将来就会陆续与大家见面,我们不会永远只停留在给别人打工的地步,必须要创立具有影响力的自己的平台。

所以目前我们也在加紧团队建设,不断地吸引更多的专业人才进入我们的团队,同时也继续开发更多的新闻产品,包括在移动阅读端的多种产品的开发。

传媒研究:对于你自己来说,你的目标又是什么?你在这个团队里,希望担当怎样的角色?

耿小勇:其实我更多的是一个整合资源的角色,因为我是做内容出身的,所以我完全有信心保证产品在内容上的品质,而在其他方面,我则需要学习,需要更多更专业同事的共同努力,像我现在不仅仅负责内容生产,还负责推广、版权维护、商业公关等工作,所以我很庆幸选择了这份工作,让我有了更多的空间,长了很多见识,未来我希望在这个平台上,实现我自身的价值,如果想承载整个新京报未来的话,我们这个团队需要做的、需要努力的还有很多很多。

绘画时，必须时刻想象着，画面如何动，必要时直接让旁边的同事做某个动作，来确定准确性。

陈璐。

动新闻：如何动得恰到好处？

陈　璐｜新京报新媒体编辑

2014年的建军节，有一条关于习近平的视频挺火。视频标题是"穿军装的习近平"，用动画形式展现了习近平的军旅经历。在搜狐视频网上，这条视频点击播放量超过20万。

这应该是继卡通形象后，习近平网络亲民形象的又一次升级。

其实，让习近平的卡通形象动起来，这并不是第一次。2014年7月，网上出现一组"网友"创作的习近平卡通形象，主题是"习大大和足球"。时值巴西世界杯赛事正酣，《新京报》动新闻工作室迅速反应，制作了1分钟的动画视频。相信这在全国都市报媒体中是首创的。

半个月后,我们就看到了《穿军装的习近平》。这段视频最初的发布者,是党建网。从党媒的这次尝试中,可以感受到,动画视频在如今形式不断翻新的资讯呈现方式中,占有一席之地。

和传统的文字稿件、摄影图片以及信息制图相比,动画视频需要动用的技术更多,耗费的精力更大。从现状来看,这样的视频在网上频频出现,数量有增无减。因此,我们有必要对他进行更深入地了解。

该如何称呼?

据我了解,早在1999年,美国人就推出了动画制作的软件Flash。而网页动画的制作在2005年到2006年期间,在中国的网上就很流行。但是从2012年开始,动画又火了起来。相比几年前,这一次流行的动画主要是解读新闻、普及知识的资讯类产品。

譬如最近几部作品:《公务员升迁时刻表》《悲催的伦敦奥组委》以及《精英移民地图》,都贴近当时的热点话题,集背景知识讲解和风趣搞笑于一身,而且短小精悍。一经推出,在网友中,尤其是媒体圈里立刻引发热烈讨论。

视频新闻和动画新闻,统称为"动新闻"。

随后，网络上不断出现类似的系列产品："飞碟说""教你in招""雷人日记""冷知识""泡芙妹"……

尽管名字都很酷，但如今媒体仍然没有给这类产品一个统一的名称。在这个"搜索"搞定一切的年代，没有统一的名称，就意味着人们不知道用哪个关键词找到你。

比如，"教你in招"重在结合当下热点，例如春运、雾霾、世界杯等热点话题，通过"指南"类的讲解，解构热点或讽刺现实。

而新京报新媒体推出的《如何成为广场舞绝顶高手》则是以幽默的形式，表达对中国老年人，尤其是空巢老人生活的关注。

尽管风格不同，这类很火的动画，说到底，都是以轻松的形式，言说受人关注的时政或民生话题。他们的形式是动画，或者叫动漫，但内容才是其最主要的属性和定位。鉴于此，可以考虑用"动画新闻"或者"动画纪录片"这样的名字。新京报新媒体更倾向于前者，也因此将目前的视频新闻和动画新闻，统称为"动新闻"。

为什么会受宠？

动画新闻如今很受欢迎。不论是视频网站自己，还是传统媒体，都在努力推出自己的品牌，并力争在日益同质化的网络竞争中脱颖而出。以我目前的观察和不多的参与经验来看，动画新闻的特长是灵活好用、轻松表达。

灵活好用，就是让画和文字都动了起来，同时，使得无法用实景表达的场面也有了直观的呈现方式。

比如在做《如何成为广场舞绝顶高手》这个视频时，我们需要讲解广场舞遭遇鸣枪、泼水等"抗议"形式，但没有人纪录下当时场面，于是动画就派上了用场。我们通过绘画以及动画效果来重现当时的情境，这个重要的信息自然就变得"图文并茂"了。

此外，动画对于信息、数据的表达作用，接近信息制图，但是比静态的制图效果更好。随着流程箭头的"流动"、柱状形的"长高"，或者扇形的"旋转",数据表不仅精确呈现,编辑想要突出的对比效果更加直观,观看者印象自然更加深刻。

声效,是动画新闻更大的优势。解说旁白、角色配音、背景音乐以及细节声效,让内容的表达更加到位。

轻松表达,在我看来是动画新闻的灵魂。

中央纪委监察部是什么样的机构?这个机构如何反腐?这样的主题给到哪个记者手里,都是非常硬的新闻。如果把反腐幻化成打保龄球,如果把拍"苍蝇"和打"老虎"都生动地呈现出来,如果把查案的每个程序用超级玛丽的形式画出来……这样的手法,相信看过的人自然会一目了然,还会会心一笑。这正是网上某个动画新闻视频所用的叙述手法。

幽默外表下包裹着一颗严肃的心。把严肃的问题,轻松地表达出来,在用户体验为中心的互联网时代,媒体对某种价值观的传递必须考虑到接受者的感受。如果没有对内容的把握,没有精心的创意,仅仅靠炫酷的形式也很难真正打动人。

如何拥有?

正是因为动画新闻形式灵活、轻松表达,让包括新京报新媒体在内的诸多媒体,愿意花费大量精力去制作这样的内容产品。但不可否认,对一个正在尝试转型的传统媒体来说,这样从头开始,确实不易。

基本上,流程包括选题、确定风格、写脚本、设计分镜头和原画、动画制作、声效配音与合成。这样一条长的"流水线",每一步都很难一蹴而就。

以动新闻工作室的第一个作品《如何成为广场舞绝顶高手》为例。选好题后,一个脚本,从初稿到用来作画的成稿修改了五次。三位编辑认为,最难把握的是尺度。

目前一些网站自制的动画视频,不论脚本还是画面,尺度都很大。但如果要一味地挑逗观众的神经,则是不专业的表现。所以用什么样的逻辑,把搞笑、假装正经的广场舞指南,最终归于讲述空巢老人问题,的确在措辞上需要反复打磨。

合作是动画视频制作成功的关键所在,这主要体现在分镜头的设计。根据我的观察,成功的视频往往不是简单地把文字改成画。画面本身需要有一套自己的逻辑,比如一个主角的经历串起所有画面,但这个角色不会在脚本中出现。当旁白在讲述楼房限购政策时,画面中的男女角色已经经历了从假离婚到复婚失败,然后带着各自的房另寻新欢的过程。

鉴于这种需要,分镜头设计时,原画师、动画师和文字脚本编辑就会坐在一起头脑风暴。先形成一种风格,灰暗的、激情的或是科技感十足的;然后就是对着脚本,逐句设计画面。

第一次制作,我们没有经验,每想好一个画面情节,我们还会专门把那句文字读出来计时,画面根据时长做调整。至于之后的原画和动画环节,更加耗费时间。

在和其他媒体交流后,我们了解到,一个成熟的团队,分工会非常明确,原画画好足够多的画面,动画师只负责让画面动起来。当我问设计师们,在制作过程中哪个部分最难?他们回答说创意和创新。在分镜头设计的过程中,设计师们提供了大多数的画面和场景。

影视作品,一切都可以直接用摄像机拍下来。但动画设计和制作时,需要用一帧一帧画面的组合。虽然现在制图和动画软件可以省掉很多重复性工作。但是每一个动作,都需要对具体部位进行处理。绘画时,必须时

"动新闻"工作室的第一个作品《如何成为广场舞绝顶高手》。

刻想象着，画面如何动，必要时直接让旁边的同事做某个动作，来确定准确性。一位设计师告诉我，他最怕画人走路，每走一步，胳膊和腿都要调，周围的背景也得跟着动，繁琐得很。

其实这都是显而易见的困难。手绘功底，对色彩搭配的处理，都需要长期训练。此外，每个画面中，所有元素都是认真设计的，各种元素出现在哪，人物的走位，镜头的景别、移动和组接、转场的方式，都是极耗脑细胞的事情。如果考虑到动画中人物的性格、背景音乐以及旁白的进程统一，画师考虑的问题就更多了。而这些都是关乎作品效果的重要因素。

技术上的难题经过一次次实践我们可以基本解决。但是，面对众多已有的动画新闻视频，我们目前急需的是一种辨识度高的属于我们的风格，不论是选题、文风还是画风。眼下新一期节目开始制作，有关风格的讨论还没有定论，摸索仍在继续。

新闻视频依然应该是我们发力的方向，但要引入互联网思维，把新闻视频做成产品。由此，"新现场"栏目诞生了。

颜颖颛。

用互联网思维做"动新闻"

颜颖颛｜新京报新媒体编辑

无论是做手机的、卖煎饼果子的，还是卖米粉的，言必称互联网思维，似乎这样才算跟得上潮流。然而，如果不去研究这5个字，很多现象就会让你大呼"看不懂"，比如国产的小米手机为何异军突起？同是玫瑰，Roseonly的玫瑰为何能卖到1000元一支？

隐藏在现象背后的道理其实并不复杂——找到用户需求，专心做好产品。

对于传统媒体转型来说，也要对这一原则有着更深刻的理解。

先做一个产品

在互联网时代,最核心的东西是,首先你要提供一个产品。

《新京报》有着国内最好的内容基因,我们的优势就是做内容。然而,一个不可忽略的现实情况是,受众不再满足于纸面上的文字,甚至不再购买报纸,更多的是通过手机和电脑来看新闻。在这种情况下,如何最大限度地吸引互联网用户,将《新京报》优质的原创内容,做到影响力和传播力最大化,成了我们要着重考虑的事。

提供一个视频产品?这个想法最初源自一则动画视频的流行,短短3分钟,通过生动活泼的动画,把"公务员九级升迁体系"这样枯燥的话题也变得深入人心。这也让我们开始意识到,其实,做内容不仅可以诉诸纸面文字,同样的内容可以有各种各样的表达形式。

而国内各种视频网站的火爆,也让我们注意到视频的广阔市场。一条短片的点击量可以达到百万甚至千万,在互联网形成病毒式的扩散,这是文字的想象力达不到的。

动新闻的第一条视频也是动画视频,它的出炉源自报社领导在某个场合的一句夸海口——"我们也能做视频"。那时候,我们除了一位动画师,和一位画原画的实习生,甚至连人马都没有配齐,但大家很快就进入状态,开始头脑风暴。我们几个人用了一个下午的时间讨论思路,写脚本,想分镜头,一边想一边捧腹大笑,惊奇于小伙伴们的机智,在欢乐轻松的氛围中,完成了第一条视频的初步设想。

接下来是原画师和动画师的痛苦产品"孵化期"。大概花了3个星期,《如何成为广场舞绝顶高手》终于完成了。

推广很重要

视频做好了,对于传统媒体人来说,这就好像稿件已经上版面,接下来的事情,就可以不用操心了。

但是在互联网时代,游戏规则并不是这样。报纸拥有固定的读者群,这就保证了每一篇文章的送达人群。每天，报纸的稿件上网之后，也会被各大门户网站主动抓取，成为新的头条新闻。但是，作为一个新兴的视频产品，我们并没有天然的渠道，所有的渠道都必须重新开拓。

BBC在若干年前的一项调查显示，从YouTube上看BBC视频的人，竟然非常接近去BBC官网上看视频的人。BBC高层为此很震惊，但冷静下来后决定，我们要向现实低头，还是要放下身段，去跟YouTube谈合作，在YouTube上设了一个BBC的视频专区，这个专区现在非常成功。

这也让我们意识到，自己没有渠道的时候，借助外界的渠道，不失为一个办法。

之前与各大视频网站建立起来的关系，在这时候派上了用场。我们把视频上传到优酷、腾讯等平台，并向他们推荐了这款新产品，各大视频网站都很感兴趣，腾讯的编辑很热情地问："你们这是一个固定栏目了吗？"短短几天，视频在腾讯的点击量突破了20万，优酷也很给力，给视频加了推荐，并推送到了资讯频道首页上。

好的内容，永远都受欢迎。视频编辑们的肯定，也让我们有了信心。

在互联网时代，推广的重要性不亚于内容，有时甚至还要高于内容——这也是我在拜访优酷的视频编辑之后，得到的经验之谈。他举例他们团队做过的某部电影，推广的每一个时间节点、具体的炒作话题都必须提前很久策划好，推广的时间点精确到分，具体的操作每一步衔接都很准确，这样才能保证电影一直在话题榜上长盛不衰。

而围观近期的几部电影，无论是《小时代3》还是《后会无期》，都很注重在关键时间节点的推广，两部电影最终票房大卖，火爆程度远超许多拍摄水平更高的电影，也不得不说，是推广的话题性所带来的经济效益。

发挥我们的优势

除了做动画视频，我们还能做什么？连续两期动画视频成功后，我们又开始了新的探索。

6月初，我统计了新京报的几个视频账号，发现在几大视频网站里，点击量最高的视频，除了精心打造的几个策划类选题之外，大部分还是普通新闻视频，许多甚至只是不到 1 分钟的短画面。账号具体统计如下（截至 7 月 1 日）：

表1 新京报视频节目在各大视频网站的粉丝数

网 站	账 号	粉丝数	总播放数
优酷网	《新京报》视频	910人	2349.6万
土豆网	《新京报》网	24人	228.2万
腾讯视频	《新京报》视频	152人	835.9万

此前，我们的一些视频新闻，如马航事件、老外撞大妈等时政社会新闻的现场视频，在各大视频网站均产生过很大的影响力，点击量动辄上百万。但这些视频由于没有形成品牌，很难给用户留下深刻的印象。

这也让我们意识到，新闻视频依然应该是我们发力的方向，但要引入互联网思维，把新闻视频做成产品。由此，"新现场"栏目诞生了。

这个产品主要的作用是通过大量高点击量的原创新闻视频，提升《新京报》的品牌知名度，显示《新京报》做新闻的实力。尽管许多产品在出生之前就开始锁定盈利模式，但在我们看来，"新现场"不必急于商业化。目前的阶段，专心地把内容做好，把品牌打响才是王道。

有着优秀的内容基因，让我们做新闻视频也能事半功倍。借力于后方视频编辑和前方摄影记者们的优秀表现，短短一个月，视频的点击量屡创新高。

比如，新京报摄影记者周岗峰在云南昭通地震前方拍摄的《营救88岁被困老人》的视频，仅在腾讯视频的平台上点击率就超过2000万，创下了新京报视频有史以来点击量的最高纪录，是我们以前在优酷网站数百条视频点击量的总和。摄影记者侯少卿拍摄的《直升飞机悬停玉米地救人》的视频，在优酷和腾讯的点击量之和也达到百万。

新闻调查一直是《新京报》的强项，北京新闻的调查报道也有很大的影响力。配合每周的北京新闻暗访素材，后方视频编辑剪辑制作的《暗访汉丽轩昌平"口水肉"》的视频获优酷视频首页推荐，点击量超过百万，各大平台总点击量达 300 万。

我们的"野心"

对于一个新团队来说，这样的成绩单，足以让我们骄傲。未来，我们还打算做更多，包括人物访谈、街头采访，让新闻现场以更多的形式出现。

前不久，我们去一家著名公关公司做了一次分享会。在展示了我们的动画视频和新闻视频成果之后，他们很感兴趣，不少人都现场表示了合作意向。传统媒体转型的新尝试，本身就是一个好故事。

互联网时代，互联网思维给一个普通的产品赋予了无限的发挥空间，这是过去所不可想象的。我们期待着，动新闻也能成为新媒体的那个"一"，在这个基础上，衍生出无穷的可能性。

世界杯,纸媒怎么办?总不能一无是处吧,我们亦有长处。

包宏广。

干杯,为了不一样的世界杯

包宏广 | 新京报体育新闻部副主编

2014年7月15日,晚11时30分,最后一个《干杯特刊》版面被值班老总盖上了红戳,我长舒一口气。是的,这磨人的巴西世界杯终于结束了!

之后很长一段时间,我强迫自己不去说,甚至不去想"世界杯"那三个字。做得不开心?太累了?钟爱的球队没能捧杯?其实,都不是。德国世界杯结束当晚,编辑部做了一个一句话命题作文,题目是"世界杯是——",一位已经离职多年的同事当时写的那句我记得最清楚,他说,世界杯是可以短一点。我想,我之所以如此厌恶这三个字,大概也是这个意思。

世界杯，我们做什么

首先，要清楚读者希望通过世界杯的报道看到什么。真球迷想看战术分析，伪球迷想看花边八卦；彩民留意盘口水位，赌徒关心黑哨假球；美少女钟情沧桑大叔，俏大婶留恋小鲜肉……总之，需求五花八门。

以上可以理解为主观因素。

再看看客观因素。巴西位于西半球，里约与北京有11个小时的时差，那边欢天喜地看比赛时，这边必须与床做伴，除非你不用赚钱养家，除非你的老板是个足球迷，除非你的另一半也是个足球迷，除非你是个以看球为本职工作的人。否则，连续一个月熬夜看球，你就是作死。该死的时差，搅了多少人的足球美梦！

这还不够，各种自媒体来势汹汹。比赛一开始，全民直播，个个都是评论员。大家不厌其烦地刷微博，刷朋友圈，满屏的"我德我阿我西我英我巴"——好在，日本球迷不算太多。流量噌噌直窜，电信运营商和门户网站的老板乐得能背过气。

那……纸媒怎么办？

拼速度，有时差，有必需的流程，完败。拼全面，你只有白纸黑字和静态图片，完败。拼资讯，你只有一个特派记者，完败。

总不能一无是处吧，我们亦有长处。当然，先解决给谁看的问题。定位，对了，定位很重要。《干杯特刊》的定位自然不能游离于整份报纸之外，读者应该是什么样的人，我不说大家都清楚。其次，解决看什么的问题。众口难调，与其面面俱到不如抓大放小突出重点，做出特色。

玩竞猜，不准不重要

清楚了定位和内容取向，问题就简单多了，所有参与者朝着既定目标行进，大家再也不会为找不准方向而发愁了。

因为时差的缘故，我们决定放弃常规的比赛报道模式，让战报和赛后各种口水统统靠边。因为版面数量的缘故，我们舍弃了一部分内容，在有

2014年7月10日刊登《德国赢了，巴西没输》一文。

限的版面上无限地为读者服务。对了，首先是服务。众所周知，我们体育部去年创办了"新京报彩票"客户端。在世界杯这种大好时机必须抓住。为彩民服务成为《干杯特刊》的特色之一。

但是还在2014年5月时，随着欧洲各大联赛的落幕，"新京报彩票"客户端的下载量和销售额都明显下滑，所以，世界杯这四年一次的机会怎能错过呢？于是我们把《干杯特刊》的主题设置为竞猜。

竞猜，当然要以前瞻为主。我们做的不是普通的前瞻，而是有一定技术含量的前瞻。首先，有几位解盘高手的分析预测，苏东、赵黑、易红，以及狼哥，他们每天都会花大量的时间来研究赔率、盘口和水位等资料，然后用最通俗易懂的文章告诉读者比赛的走势。接下来，我们用数据直观地反映双方的实力对比，包括交手记录、预测首发、主力球员历史数据等等元素。

为了让我们的竞猜不显得那么晦涩，我们特意加了动物竞猜（其实，

《干杯特刊》第一期。

《干杯特刊》最后一期。

这是个很老套的招数了），新京猫阿九做东，特邀《贵州都市报》的白虎顺顺、《半岛都市报》的海象丹娜、《华西都市报》的乌龟玄武和《现代金报》的鹦鹉菲菲一同猜胜负，只是猜中的情况不是太多。但也为《干杯特刊》增加了不少趣味性。

做特刊 挖掘多看点

除此之外，我们当然还有其他内容——前一天比赛中出现的牛人、新鲜事都会被我们放大，做深度，以杂志化的方式呈现。比如，墨西哥的六指门神奥乔亚、哥伦比亚的金靴奖获得者罗德里格斯、德国的带刀后卫胡梅尔斯与范加尔神奇换人、智利矿工视频激励国家队、中场大师皮尔洛的技术教科书、破了进球纪录的K神克洛泽、创造世界杯奇迹的哥斯达黎加队、各球队带到巴西的神秘装备……这些专题有故事、有内涵，能给读者留下很深的印象。

我们还有前方特派记者的专题。用另一个视角看巴西的贫民窟，那里不仅仅是脏乱差，还有安静祥和与离不开的足球；巴西世界杯上的中国元素——尽管没有中国队，比赛用球、吉祥物、球衣、大巴、球迷饰物和加油用的道具；新鲜的公斤饭、甘冽的瓜拉纳；风韵不再的巴拉圭乳神里克尔梅、无处不在的阿根廷球迷、严重脱销的内马尔球衣和悠闲自在极不守时的巴西人……这些故事有血有肉，鲜活无比。

我们还有文青们喜欢的专栏，《干杯特刊》的专栏向来不是简单的球评。2014年，我们有华丽的麦家、朴实的韩乔生、温婉的潘采夫、诙谐的赵黑、专业的张呈栋和妖艳的肖十一郎。还缺点什么？对了，突发新闻。

一觉醒来，你不知道世界会发生什么，世界杯赛场亦是如此。南非世界杯，法国队因临阵内讧而一败涂地，他们的故事占据版面很长时间。巴西世界杯，几个非洲球队因为出场费不到位差点撂挑子，好在问题不大。其实，最大的突发事件是开幕式上朱指导的解说。看完比赛，立马安排记者采访常去电视台当嘉宾的几位，有媒体人有职业球员。他们重点讲解了作为解说嘉宾应该注意些什么，如何备课、如何接话茬、如何应对突发、

解说嘉宾得有真功夫

世界杯揭幕战,巴西3比1力克克罗地亚让日本主裁判西村雄一吹忧名。2006年黄健翔的怒吼突破了以往的足球解说风格,南非世界杯,智林的一说走红。在巴西,解说嘉宾朱广沪掀起大端吐槽,"深夜看球,授神有三宝,咖啡、茶叶、朱指导"。

因为体育本身的不可预测性,体育解说与运动员一样,会变得比较糟,因此会成为球迷茶余饭后的谈资,转乔生的语录就被网友编成段。给解说员颇它的嘉宾更得有真功夫才行。

杨毅《体坛周报》副总编辑

刘晶捷(媒体人)

南方(足球运动员)

前期准备要充分

足球比赛中最常见的解说方式,一种为解说的单口,一种为与解说嘉宾一起。无论有没有嘉宾,解说员都会做大量准备工作,那是不容忽视的案头工作和解说前讲说法,可用做前备功夫。

当然不是,这一点刘晶捷、杨毅,南方三位资深嘉宾一致认为,解答一场比赛大概要2个小时,到时候会面对连近两场比赛,前一天基本就会有电脑预备一下节。"这种感不同,决定解说点不同,如果赛前玩马,我本来准备有一些概念,像风景再角度,客观分析,我同解说的切入点,把同的地场,都要做功夫"。刘晶捷说。

刘晶捷被同行称为"数据库",无论国内外足球,港湖近代足球建筑,世界杯历史国家大分家球场场地,他都能送送从场地尺寸的数据库那些资料。尽管如此,他每场比赛前都要数数据的大量功课:"从业十几年的经历,看到一些散步,会慢下脚步,被得同时就会是会是逻辑到一些事。但人脑子容量来究越有限的,还得要备的非各姓,哲名准,看看历史事典,在比赛无聊的时候可以,能够就把大家听。做点考虑的东西,端绪小备上一些你们的比赛,再各下作了两个小时,两个俱主的球员,踢唐乡——回以上。"

由于游客没解理说,所以不能忍看单场比赛的情况,在场必要去点。"当然从方主情强动场次特点基本都了解,但还是要看一下他们是见发挥,哪个球员最近的状态,以及一些新闻。"

职业素养极关键

刘晶捷介绍,目前中国的足球解说嘉宾分到两种,一种是将体的球员,教练的,另一种是资深媒体人士。无论哪一种,在业务素养上肯定没问题,而朱指导朱广沪这样的前国家队主场执教,这非常好的选择。

作为第二种身份的解说嘉宾,南方认为阅读比赛能力,也他们最重要的职业素养:"从我们本身来说的话,我们应该为球的就是对于这个比赛当中出现的一些配合啊,还有一些人员变化,阵型,你刚要分析,对于阅读比赛的能力要要一些。因为还认为解读比赛的能力比如过球的一样要这一些",因为可能我教练的人会把包括了几年吧,上场赛的要指挥都教练指挥比赛还是的两个概念,你脱离了球员这个体系后,教练们对场上这个变化会有哪到的变化力,场上出现什么问题你的能力何时发现。"

现场发挥很重要

南方认为,真正比赛进行时,对比赛的阅读能力,现场反应能力是非常重要的。语气太低或情急让人昏睡,或是积高在一下会被当成成激动,在同何出高赛情与时出现偏差会被认为不专业,接不上解说员的话被认为是反应迟钝......然而这一切还是都是没有彩通,解说嘉宾的现场发挥,也不在基本功上。

说到解说嘉宾的温柔性,杨毅,"其实这个角色可以没有,解说员一个人就可以。但这两个人的合适的话,效果会更好。做俗来说,主持是像一个人合适话,嘉宾就位灯星绿染红,便是主持(解说员)告诉大家发生了什么,解说嘉宾告诉大家为什么发生这些。"

现场解说对内容,无非这样不发生了什么,现在比赛如何,未来还怎么会怎么,在解决刘建君以为打保护内马,探流将某某黑不会减沃。但内马不够那被推替下了来。杨毅说:"其实换也好,不换也好,没得分答多,一般不去预判平个阶段会做什么选择,一般的解说同本怎样,坐个人眼其他人的都会不一样。你和你最广沪在对于某件事怎么看待,你不如果问他,他不起相有理,没法反驳。"

对于朱广沪分析存着,打法人,大家只会不找只,打给他进一会儿嗡嗡呀一一"好球"。对此现发解释说,"世界杯是个温馨的比赛,到现场解说,确实非常兴奋。而且现场比赛的球,如果听不太,不见自己说什么,被赛现场上真机,现场声音太大,也只看喜异分贵运能大事。"

对于工体解说的满分身感受;"巴西斯场表我不清楚,但我实验场解说的状况类似,以上体为例,我在电视台转镇,场的工编连觉都会多。还在台为里,通过记者混着过去,你能看到现场何细致,你被能看到他们内心的事,国国的兵战,情绪必然会相呈一阵感动。"

面对吐槽需淡定

"要同我是谁,我是对方谁,"杨毅这难呢真不知怎么自己。"我的也说你就建会遗,不让,朱指导......不必都会谈谈说不什么,他们专业层次都不一样。比如我一场比赛技术分析都非常清楚,有特别情的会让次你分析有真,有你的我最后是锋啊一!然后长篇解说地风。"然后长篇解说地风。

"这便是身场球,尤其是输球,这与自己国家队,地方队无关的比赛,"假多有速的心态就是,也愿形容了,你不给这么,就让站过这个,解说国脚足球有这是很怪,"刘晶捷说。"这一场场上有这会议,合说NBA这些年,他自己都分不清自己是"科贝"还是"科鹿"了,只不过这谁你自己一个公正的角度会洋吧。"

此前无论解说菲利,米路等,陪伴中国解说嘉宾,那都被赚吐糟了,口口都短短少乡后,对此,杨毅笑称,"朱指导说的地啊方普通话,而且现众听可能听着没问题。"点人人狐解说,南方观众何能是会写,新京报记者 田健
实习生 安博洋

如何发音等，第二天我们推出了《解说嘉宾也得有真功夫》专题，客观平和，转播率很高。

　　还有一个胎死腹中的突发，想想其实挺有意思的。半决赛，德国7:1大胜东道主，国内球迷忧心忡忡，他们生怕巴西人被失败冲昏头脑打砸抢烧，语重心长地在微博和朋友圈呼吁前方的朋友当心，言之凿凿地判断，巴西的当务之急是维稳。比赛完了，各种放火烧车的图片就蔓延开了。我也如同打了鸡血一般兴奋，赶紧通知前方记者，准备素材，大做骚乱。记者冒着大雨在里约转悠了几条街，那里很安静，等他回去时，楼下酒吧里已经欢声笑语。虽然有公交车被烧事件发生，但警方称，没有证据证明和球队失利有关，那些四处转播的放火图片后来也证实有几张是假的。你看你看，巴西人民个个都有大心脏，他们没有如丧考妣，没有怨天尤人，酒照喝，舞照跳。骚乱事件没做成，第二天，我们做了《德国赢了巴西没输》专题，告诉读者，巴西球迷是何等地冷静。

　　世界杯报道，传统纸媒如何与新媒体合作？巴西世界杯期间，新京报新媒体做活动，做原创节目，口碑不错，但与纸媒的互动明显不够。报纸和新媒体各自为战，资源没能很好地优化整合，这确实是个巨大的浪费。如果，在微博中定时推送"新京报彩票"的购买链接，在微信公号中嵌入专家预测和技术性前瞻，在报纸上预告视频节目和球迷互动，是不是整个世界杯报道的效果会更好一些呢？

几乎没有一位记者只使用摄像机或照相机来进行世界杯的采访报道,拥有高像素镜头、录音功能、高速网络的手机正在成为记者的专业设备。

范遥。

高科技的巴西世界杯

范 遥｜新京报体育部记者

全是高科技

科技的更新换代,无疑给本次巴西世界杯增添了许多奇光异彩。

为避免出现类似于兰帕德在四年前所遭遇的误判,国际足联全面实行了门线技术,每座球门附近都有14台高速照相机和7台监控设备;另一款受到一致好评的科技产物是人墙喷雾,它能有效地避免球员们在防范任意球时浪费观众的时间。以上两项技术都跟裁判有关,而作为比赛的主角,球员们则通过最新的芯片球衣、芯片球鞋获得了更好的体验，巴西世界杯的全部 64 场比赛，共打进了 171 粒进球，追平了 16 年来的世界杯最高纪录，不得不说这其中有科技的功劳。

科技同样影响了媒体的报道，比以往更加高清和稳定的信号让全世界各大电视台受益匪浅，而无线耳麦、谷歌眼镜、GoPro 相机更是成为一些记者的随身装备。前广州恒大球员、目前效力于巴西联赛的球星孔卡，还利用谷歌眼镜进行了一次世界杯的直播。

电视转播机构依然是世界杯赛的垄断者，通过网络看球赛，显然还只是部分宅男的活动。在巴西的里约热内卢，几乎每一家商店门口都摆着一到三台电视机，即便是污水横流的贫民窟里也不例外，男女老少围着电视机载歌载舞。世界杯期间，巴西的出租车上几乎都装载了卫星电视，画面也十分流畅。

为了提升人气，争夺球迷，全球各大电视台都在主打名人牌，几乎所有著名球星都在巴西有了亮相的机会，刚刚离开球场的他们，换上西装，成为了各大电视台的解说嘉宾。四年前走红南非世界杯的巴拉圭的乳神里克尔梅，这次出现在巴西，担任一家巴拉圭电视台的主持人。

值得一提的是，巴西的电台收听率也很高，而巴西的足球解说员也非常特别，从比赛第一秒开始就不停地说，一直情绪激动地念着每一位接触到足球的球员的名字，几乎不给自己任何喘息的余地。

随着智能手机普及率的大幅提高，"第二屏效应"在媒体记者身上的体现特别明显，几乎没有一位记者只使用摄像机或照相机来进行世界杯的采访报道，拥有高像素镜头、录音功能、高速网络的手机正在成为记者的专业设备，在里约热内卢的海滩上，我不止一次看到外国记者用 iPhone5 或 iPhone5S 录制视频，然后发给后方进行剪辑和传播，移动电话设备能以最快的速度将消息传达到世界的每一个角落，让实时分享成为现实。

巴西世界杯的半决赛期间，我的电脑突然出现了蓝屏状况，在暂时难以得到维修的情况下，我就是用手机写的稿子，并通过微信迅速传回了后方。这或许要归功于巴西电信部门在世界杯前夕的网络升级，按照官方说法，世界杯期间，巴西的主要城市拥有超过 70 万个 Wi-Fi 热点覆盖，4G 信号

爱就一辈子

世界杯是他们的，也是我们的；他们争夺的是一座金光熠熠的奖杯，而我们却在追逐着一去不复返的美好时光。回忆会让人变老，不知说，变老后会有更多的回忆。

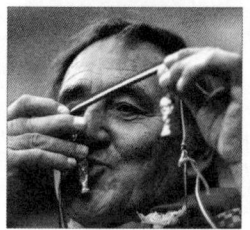

开场哨　新势力的灭绝

巴西世界杯1/4决赛战之前被一匹"黑马"搅得天翻地覆的局，终于又划得了持续势均的寒秋。实力摇横如J罗者，也甩在了连主角马尔西尼，"黑马"再黑，也总有力热尽的时候。

哥伦比亚是在巴西的横空杀出，不仅得益于J罗，得德拉多等球星的爆发，而且在这个相对熟悉的环境中作战，也让他们免失了时差，气温等种种困素的影响。但是在巴西面前，还是凭自己"新兵"的本色暴露无遗。缺少后防核心、中场组织欠强火炬、打头单一、过度依赖J罗和李德拉多等人的个人能力，这些问题让了寻伦比亚现在只差一支独强队。例在巴西面前，对千年轻的J罗所言，"我的应该给自己的表现感到满意，我们在比赛中已经倾尽全力。"

在一场欧洲象门纷纷出局的情况下，袖抖不被看好的瑞士克黑蝴蝶姐妹舞出了小组赛，并挽舍搞"天王"带队从阿根廷跑入决赛大战。这一切看似偶然，但是时于瑞士而言，巴西世界杯确实到了他们的暴发之时，从中午还有沙莹里塔样才华横溢的新人横空出世，同期，哲马伊桐、利希桑、泰约等大将的稳定发挥，也有老帅希菲菲尔的压阵。但是从小组寒和法国开始，瑞士在面临强队实力不足，发挥不稳定的漏洞便一览无余，输给阿根廷后，一度无缘世界杯，他们代表着瑞士与阿根廷的差距，我们必须付出更多努力才行。

如果说法国是一匹"黑马"，一定金有限多的球迷不认同，但是细想一下，从不被看好，到小组赛一鸣惊人，最后倒在了实力更强的德国人面前，以往害着西班牙，里里里等大牌引领的高户雄鸡，在本届世界杯上，是重要一位蓝领球员的协作，走到目落之中。这支少了大牌的法国队，却真正让球迷看到了高卢雄鸡的未来和希望。如果巴西之行流之是个半吊子诸多的角色，那么两年后在法国本土的欧洲杯，也许就是这支法国队真正起飞的时候。

本届马卢表示："虽然我们止步于1/4决赛，但是我还很年轻。下一届俄罗斯世界杯，那时的我金更如成熟，法国队能走得更远。"

随着"黑马"们的纷纷出局，巴西世界杯再次被复了"豪门"统治的秩序，但是不管怎么样，一众"黑马"光鲜的发挥，不管是芸花一现，还是罗牢传统飞，仍然为本届世界杯增添了亮色。

新京报记者 田颖
实习生 安博洋

西游记　损失他一个　伤心两亿人

输了比赛，却损失了内马尔，这感觉徽像是势力感好了舞台，主演却保时行事来了。

几乎每一天，巴西主帅斯科拉里都要回答关于内马尔的问题。这足以证明内马尔已们离他们的蓝剧佳。

内马尔被担架抬出时，巴西球迷并未预感到可不付，还是哭得稀里哗啦地哭场事，但在球迷得觉达迹斯科拉里的战术布置之，让领袖球员先行离场，提四备战半决赛。

事实上比赛还未纺束，内马尔已被紧急送往福塔雷萨当地的圣卡洛斯医院。一些记者放弃了比赛，直接赶往医院，国在医院门口的球迷也喊着抱怨不个内马尔不哭"之类的口号。

巴圣取政行，各大城市按照愤慨彼忽了焰火，酒吧里也缩满浓度的球迷。跟着看障瀆情温却举得可创新闻，每他们了内马尔球球世界杯终场比赛的同录，这让已的人的脸色繁马如搬遂了起来。巴内各大电视台在反复播放摔内马尔毁过住医院的新闻，悲喜交加的气氛蔓延开来，与情狂欢已不太合场，但嘉流哭泣看着，这也不也匀人的风采。

女球迷玛尔尔在去机场的路上口臭哭了起来，她是忠诚巴圣蓝蝶巴援蝶的内马尔粉丝团成员之一，仍她菱表，巴完完了，没有内马尔的巴西，什么都不是。明球迷要冷静得多，穿着科林蒂安球衣的伊塔马尔说，内马尔缺阵不会影响巴西，但本来就被被打开了内，把本来饱满的掳心，一是被营地被填满了树皮起来的掳心。虽量齐玛托比骨下去的，那是一只被在宽疯中心，因为巴西的走攻端本来就不争气，现在更没什么指望了。

巴经到了深夜，接下的酒吧还边称沙吵闹间的，一些球迷连在坏骂看什么，翻翻译过来对看满市内马尔的的气位比草碑伤更加充满愤怒。

"很显然，德国球迷都在宿营。他们没有老巴西人那样的酒吧沉热闹气，在一些小板制看着谣到内马尔受伤的新闻后，他都快地想福了"谭春儿，迟早不去租见烤烧，一位德逼邢友给举制给我发来醒了短信，"我想这回终于不用再参加三，四名决赛了。"

□范遥（新京报特派巴西记者）

2014年7月6日刊登"西游记"栏目。

也更为广泛。

除了媒体记者，巴西的球迷也可以在观看现场比赛时随意发送消息，在 Facebook 全球账户主管希金斯看来，巴西世界杯将是人们通过智能手机关注的首届世界杯。"我们将通过口袋中的移动体育馆来观看比赛，了解比分，获得统计数据并进行分享。"

不一样的报道

正因如此，社交网络也在成为新闻源头，这里不仅有大量的吐槽和机智的段子，连巴西总统也是在社交网络上进行了道歉。球星罗纳尔多是巴西世界杯大使，也是环球电视台解说嘉宾，同时他也经常在 Twitter 上发言，当德国人克洛泽追平他的世界杯进球总纪录时，罗纳尔多在 Twitter 上的"欢迎加入 15 球俱乐部"的发言，几乎被全世界所有的媒体引用了。

以环球电视台为首的巴西当地媒体在世界杯报道中占据着相当的优势，但主要还是电视台的影响力更大一些，数据显示，巴西的平面媒体超过 200 家，为了增加影响力和话语权，几乎每一家都推出了世界杯特刊，编

范遥。

辑记者也几乎倾巢出动，和电视相比，平媒的时效性差了很多，所以都把注意力放在了更深层次的挖掘上，讲故事，做专访，《环球报》《圣保罗页报》有一些非常出色的深度稿件，对赛事的解读也相当专业，但巴西人不爱读报的习惯让平媒显得有些吃力。巴西当地一些中文报纸也推出了世界杯特刊，但因为本身影响力较小，又不具备自采的能力，他们的特刊版面要少了很多，绝大多数消息也都来自网络摘抄。

世界杯期间，全球的互联网 24 小时不间断刷新着世界杯赛的相关消息，但最著名的一篇稿子却来自传统媒体《纽约时报》，这篇名叫《在阿根廷，梅西无处不在又无处可寻》的人物稿子不仅流行于阿根廷、巴西、西班牙和英国，也成为中国体育记者刷新朋友圈时总能看到的经典，它的出现未必能够证明传统媒体依然有着令人惊讶的影响力，却再次印证了内容影响传播的说法。

即便是在互联网时代，即便是在遥远的南美洲，一些传统的、专业的体育媒体依然在这次世界杯的报道竞争中表现强势，虽然西班牙队、英格兰队、意大利队都早早出局，但凭着联赛中积累的资源，《每日邮报》《每日体育报》《米兰体育报》等多家报纸及其相关网站依然是重磅新闻的源头。

最让人印象深刻的是，巴西媒体的自由度很高，毫不掩饰对宿敌阿根廷的仇视。巴西 1:7 输给德国后，阿根廷人曾极尽嘲笑之能事，但巴西媒体在阿根廷输掉决赛后找到了复仇的机会，像《兰斯报》的头版头条就是："阿根廷人，说说你们现在什么感觉呗？"

我们《女神干杯》就定位给上述群体里的男性观众,并且是不太懂球,但又不抗拒的男性。

祝炳琨。

世界杯自制脱口秀的"狂欢"

祝炳琨 | 新京报新媒体编辑

新媒体视频节目,区别于传统电视节目。它的播出时间、播出长度更灵活,播出风格更多样,播出尺度更大。制作主体更加多元化,素材来源更广泛,与观众互动更便利。这些使得网络自制视频节目在内容形态上有了更多的发挥空间。

但也由于门槛更低,再加上恰逢世界杯这种大赛,网上自制节目铺天盖地,鱼龙混杂。观众有福了,制作节目的人,可是拼得你死我活。

我们新京报新媒体自制节目《女神干杯》,有幸利用极低的成本,创造出了不错的效果。在世界杯各种铺天盖地的自制节目中，占得一席小小的位置。而我作为编导兼主持，在做了 8 期节目之后，也对如何制作一档视频谈话节目、什么样的视频谈话类节目可能更受欢迎、网络视频节目观众的观剧心态等等，有了一点小小的感触。

如何用最小的成本博取最大的效果

1. 主持嘉宾选取需独辟蹊径

一般来说，"明星效应"可以增加节目点击量。世界杯期间各大视频网站就打了明星牌。如《黄·段子》由著名体育主播黄健翔主持，《大话世界杯》节目主持李响，每期都会请明星当嘉宾。

我们新京报的试水之作《女神干杯》，一开始就决定不走寻常路。前期策划人员发现，国内的体育节目，目前还没有哪一款节目是纯女性参与的。策划人员提出定位，三个女人分工不同。一个负责专业，一个负责搞笑，主持人负责平衡。角色各不相同，相互补充。

事后有人曾对我们这样说，你们这个节目，最大的亮点在于是"三个女人一台戏"。的确，因为我们的形式新颖，选题颇具话题性，吸引了不少眼球。

2. 受众定位要精准

受众需求是最大的市场。分析显示，视频网站自制脱口秀节目的受众，集中在 20 至 39 岁之间的中青年观众。这类观众精力充沛、有闲暇时间，并不拒绝潮流。但对于具体一款节目来说，这个受众定位还不够精准。

我们《女神干杯》就定位给上述群体里的男性观众，并且是不太懂球，但又不抗拒的男性。结果从收视率来看，这个定位还比较成功。

3. 内容制作需有特色

既然是女人谈球，如果硬拼专业的话，肯定不占优势。所以我们力主选题尽量新颖。先选取场外的各国预言帝、乌鸦嘴等话题，这些热点成为我们的首选。即使是谈球队、球员，我们也力图从相貌、星座、女友等八卦角度切入。

再加上言辞犀利、夸张搞笑，后期剪辑画外音、配乐、特效契合主体等，成为我们节目收视率的一大保证。

在节目中，我们也不断摸索这种风格，坚持推行"原创+娱乐"的内容特色，迎合主流互联网受众的喜好。每次节目都有小的改版。通过节目的不断整改、创新，使节目更加成熟。

4. 与网友交互性要强

相对于传统主持人，网络节目主持人、嘉宾与网友的互动更强、更多、更直接。新媒体时代，多点对多点传播方式解构了原来的单项度传播。信息传播的双向性使得我们和受众不仅有了平等的话语权，甚至可以互换身份，我们既是"传播者"，又是"受众"。主持人、嘉宾自身也作为一名网友，与更多的网友进行讯息互动，传播过程是多维度的"多向传播"。

所以这就要求我们多用脑子思考，懂得网友所之所想所感，让视频节目的呈现效果更加符合网络这个平台，并让它发挥得更好。思维一定要赶得上网民的诉求。

实践中，我们重视网络平台的互动功能，积极收集与节目相关的网友评论，经常把网友吐槽我们的话，拿到节目来自嘲。甚至依据网友的吐槽，发散思维，写个小脚本，演成情景剧。有人评论，我们的情景小短片比节目本身还要有意思。

祝炳琨。

5. 节奏、时间的把控很重要

由于网友观看网络视频自制节目，多是利用一些零碎的"垃圾"时间，所以节目需在有限时间里呈现出最精华最富有特色的内容。要围绕时间节点需求去把控，一会儿一个包袱，一会儿一个小高潮。

《女神干杯》一般会用三个关键词或者说小标题将要说的主题串起来，每一个关键词下埋三四个包袱。

对于节目时间，我们也在不断调整着。一开始超过 10 分钟，略显冗长。后来有人认为应该控制到 5 分钟，但是有一期节目控制在不到 7 分钟时，已有观众反馈太赶、太短了。后来节目时长又调整到八九分钟，感觉这个长度还比较舒服。

6. 传统主持人所必需的也许不重要

对于传统媒体主持人来说，吐字归音、字正腔圆等必修课是非常重要的。而从我的个人经历来讲，从网上热门的一些自制节目来看，也许这并不是重要的。鲜明的个性、新锐的表达、广博的知识，和对于网络交流方式、网络技术熟练掌握往往更为关键。网络节目主持人要熟悉网络新闻媒介的特性，能熟练地运用网络查阅资料，进行采访、写作，将传统媒体优势融入网络的媒体之中。

其实作为非专业主持人，我在第 1 期节目就频频出错，吐字不清、读音不准、用词不当，但监制、导演、剪辑都觉得这种原生态的也许不错，错误之处不仅最大限度地保留了，还进行了强化。谁知节目播出后，不少人反映说错的地方最好笑、最自然。此后，主持人说错话，就成了一个故意抖的包袱。

7. 细节确实决定成败

做完 8 期节目，我最大的感触是，在新媒体平台上的成败，绝对不是内容好坏就能决定的。有的时候，可能就赢在或输在一个细节上。比如一个标题，一个视频封面，一个导语……这点，我们既有成功的案例，也有失败的教训。

"狂欢节"结束,继续前行

20世纪初,前苏联最重要的思想家和文论家之一——巴赫金提出了"狂欢化"这一文化美学及诗学命题。所谓狂欢化,是指一切狂欢节式的庆贺、仪式、形式在文学体裁中的转化与渗透。

巴赫金指出,狂欢节是全民性的,在狂欢中,没有观众,全民都是演员,或者说,生活本身成了表演,而表演则暂时成了生活本身。

在狂欢节中,人们放弃那种教规常规下十分严肃而紧蹙眉头的生活,打破严格的等级秩序,同一切人随意不拘地交往,随心所欲地装扮自己,狂放不羁地载歌载舞,自由自在地说说笑笑。

世界杯,就是一场狂欢节。在这场狂欢节中,足球场上的运动员是演员,围观者的人也是演员。他们的行为,渗透着我们的报道、改变着我们的节目。

如今狂欢结束,大幕暂时拉上,但我们的视频自制节目,还需前行,并时刻体会这个"信息化""碎片化""异化"的世界杯。

BEHIND THE SCENE 新闻背后

赵 亢　马航报道的得与失

韩旭阳　我的两次马航空难采访

雷学勤　克制的泪水最动人
　　　　——马航MH370失联报道如何把握情绪

李 超　如何研究"白手套"们的故事？

褚朝新　"打虎"仍须"武二"来

我们目前存在的问题不是拿来主义，前方传图后方用，而是编辑创造性的再加工。

赵亢。

马航报道的得与失

赵 亢 | 新京报摄影部副主编

2014年3月10日，我经广州转机，乘马航前往吉隆坡。一路非常疲惫，强打着精神在飞机上看了一部电影，威尔史密斯扮演的男主人公为了挽救世界，寻找真相，最终……我没看完，飞机安全降落。这是在我职业生涯中，乘坐飞机空间最为局促的一次，双腿麻木，瞬间站不起来。

半个月后，我又乘马航离开吉隆坡，机上北京乘客寥寥，专门又找到那部电影看结尾，主人公牺牲自我，最终拯救他人。这是部美国电影，不经意间我又经受了一次英雄主义的洗礼。

艺术和现实往往并不遥远，马航的报道，西方媒体一次次占尽先机，当美国 CNN 电视网 20 多人的报道团队围坐在 Sama-Sama 酒店工作时，我时常看到中国媒体记者形单影只地站在不远处，拿着手机拍照留影，并不时发出啧啧的赞叹。

那几日国内的微博一直在讨论，中国媒体在此次事件中的作为，貌似是一场大批判。

《纽约时报》中文网执行总编辑曹海丽说："作为中国媒体，你在国际的声音其实是微不足道的，这是一个事实，大家作为中国记者要摆正自己的心态，包括作为媒体也要摆正心态。"

我基本认同这个说法，一定要做对比其实没有太大意义，但可以从专业和技术的角度吸取一些可操作的手段。必须清楚，金钱、人脉、团队缺一不可，我们还是在一个特定的圈子里做游戏，游戏的项目不要太杂，不能出圈，这可能与先进的新闻理念不符，但这就是我们的游戏规则。

日前，我接受某高校老师的访谈，在她看来"《新京报》在马航事件中的报道，是全面胜出于其他媒体的"。我对这个看法持保守态度，我们至少应该清醒地看到如果真的胜出，其实是非常局限的。

马航新闻发布会。

沟通层面

语言是前提，很幸运，我和一位语言非常过关的同事一起出行，但仍然感受到马来西亚（简称马来）的英语和英式、美式英语的不同。网络中的很多细节就是在口译中出现了误差，不仅是口音，还有专业的飞行、航空、军事用语与对常用词汇的注解千差万别。

微信的便利，节省了很多沟通成本。我们的团队中少有人抱怨，至少我没听到，这很难得。与我一起在前方的同城媒体相比，我们的沟通氛围可以用"团结紧张"来形容，而有的纸媒后方编辑给前方造成的压力，完全成了不稳定的因素，这或许是我们在整个报道中胜出的一个关键原因：人心安定，企业文化不同。

找资源是最头疼的问题，是中国记者在马来的集体遭遇。信息闭塞、人脉匮乏，即便是那些国内驻外的机构也是如无头苍蝇，不知找谁。在没有信息源的日子，四下找人是工作重点。有同事支招"拿钱收买"，话一出口，对方险些把我们永远扼杀在发布会之外。军方代表直言，"你可知道你说这句话的后果……"。事实证明，处理国内突发的一些经验在国际采访中是行不通的，冒失的成本可能会付出高昂的代价。

文化的差异，语言交流的障碍同样使一个信息变成多种不同的意思，这个理解很微妙，很多事情之前行得通，但在马航这个特殊时期，就未必可行。军方和警方被媒体关注的压力打压得抬不起头，根本无法或不敢越界使用权力。通过很多事实，我们只能牢记，异国采访必须严格尊重异国文化信仰，谨慎"沟通"。

决策层面

我们三次申请上马方军舰出海的要求被驳回，最终看到进入大名单的全部是CNN、BBC这样的媒体，内心异常失望，用马来当地一位华文记者的话说，"政府很现实，不是因为不爱你，是因为他们没听说过你。"

前方一直在试图突破警方、军方、马航、反对党、执政党等资源，接连接触到机长亲友、反对党党魁、执政党党办负责人等相关线索。但这些信息，依然无法满足后方的真正需求。很多人会问，前面难道真的找不到更好的突破口吗？发布会、军方、警方对于刚到马来的中国媒体，其实都是具有同等诱惑力的，没有谁敢放弃，在人员相对少的情况下，生怕错过什么，但经过几天的磨合，大家很快发现，关键部门对于核心事件几乎是闭口不谈，因为政党利益的原因，作为执政党是不会在这个时期随意发声的。

这就形成一个难题，是放弃现有的消息发布，还是走出去找适当的切口？后方有过建议，但我觉得始终不确定。应在更早的时间，就决断记者的方向。马航不同于以往的突发事件，十多天里事实真相还没有浮出，后方在报道决策上，应该有大幅度的调整——不要指望记者在前方决断，他负不了这个责任。后方应该给予明确的指示，放掉面上的信息，由后方搜集整理，让前方记者扑下去，有可能会找到更有价值的东西，即便是"谣言"。

事实上，在之后的几天里，后方编辑搜集整理信息的实效已经不具备时间差。

协作层面

此次报道中本报后方编辑的参与是比较靠前的，在之前的突发报道中并不多见，我的印象里是从雅安地震开始，报社形成了一定的前后方协调机制，这也就是在很多报道中，本报的信息搜集工作强于其他媒体。

而整个马航事件，给我留下印象的一共是两篇报道，很遗憾，都不是本报的。一篇是《21世纪》关于"槟城的报道"，一篇是《南方人物周刊》关于"伊朗偷渡男孩"的报道。前者是记者和编辑的配合，编辑起到了决定性作用，后者是使用社交网络找到核心人物。

当槟城成为媒体关注点时，对于该地区的报道还非常少。我们两人当时就想去，但考虑到交通成本和信息的不确定，有些迟疑——时机很重要，当断不断必受其乱——也就在48小时之后，《21世纪》的报道出现，他们的稿子还原了我当初的判断，可能又是个谣言，编辑煞有介事地制造了一个悬念，前方记者将地理位置、军方、居民、海洋条件等线索调查得很深入，最后的呈现文本清晰、可读性很强。

看到"伊朗偷渡男孩"的报道，当时在考虑"本报是否有人会想到使用社交软件找寻报道资源"。中国的编辑和记者连 Twitter 和 Facebook 都不会使用，甚至都不知道为何物，却大张旗鼓地要做国际新闻，说实话，这真是个既搞笑又残酷的事实，而这个事实同样适用于《新京报》。"你有用户名么？"这个疑问成了前方的一句笑话。这真不是个技术问题，只是单纯的协作问题，应该有人去这么想，该如何做。

技术层面

技术层面的应用相对较杂。整体上，科技的进步加剧了此次报道的竞争优势，技术门槛一定是提高了，报纸、电视、网站的业态不同，但之前和最终的通路确实一样。采访、拍摄、传输、连线、找资源等环节，国内的媒体还是处在传统区域，而国外大的传媒机构的技术应用走得更远。

资源储备，是本报一直以来的弱项。我不谈其他资源，只单说人脉资源。从"神舟五号上天"开始，我连续去过三次酒泉卫星基地，其中的艰辛无法言喻，难点就在于人脉资源的不稳定，我们往往是拿来主义，有事现找。这样处理资源的方式应该发生改变，建立资源储备的保障。每次对于大事件的报道，之后要总结，记者手头的资源应该成为部门的公共资源留存，时常接触一下。国内和国际都应该有建立，至少应与大的组织或机构保持紧密的联系。

评论员前移，现场对新闻事件进行评述，进行完全具有立场的讲评，这是目前少数优势电视媒体的一个做法，他们把记者、主播、评论员融为一体，我们为何不可？让《新京报》的新媒体平台享受成果，走向更有利于与读者互动的角度。一线记者除了写消息，还可以现场评论新闻事件，以低视角、更具现场感和贴近性的姿态评述新闻事件。当然，能力是一回事，做不做才是关键。

CNN 电视网用 SNG 转播车，用卫星传送高清画面，其成本不言而喻。对于报纸，我们用 3G 传图片，内容上过于单一，仅有的视频靠着手机的流量传输，完全没可能，最基本的是，装备上需要投入，说到底，钱还是要花。

我并不知道，在此次事件里，《新京报》由于报道马航，新媒体受到多大的关注度，特别是APP的下载量。CNN电视网的收视率增多了一倍。我们目前已经开始关注移动互联的传播效应，APP在公共传播中的价值和读者反馈意见应该作为长效机制引进。社交媒体的使用，这已经是全球媒体的共识。找资源、积人脉，不用我多说，《新京报》如果还没有开始使用，那就马上注册账号。

说一下视觉产品。因为这是我的主要工作，由于一直没有确切的信息，采访始终处在外围。发布会、反对党、警察、军人，包括宗教，打"擦边球"本身是不解渴的，但这一类型恰恰是图片容易操作的，报道摄影优于文字的一个重要特点，就是可以用情绪的连贯性来架构视觉文本。我是如此操作的，尽管最后的呈现受到各种制约，但对于摄影记者本人来说，收获满满。

报社的视觉平台如何利益最大化？重点实际是报网和微博。这两个窗口也正是我们快速消息和视觉产品发布的主要通道。

实际上，此次报道本报并没有把图片作为一个产品来深化，精加工。对于新媒体平台是一个重大损失。

什么叫深化，精加工？我解释一下，一个事件的若干张图片入库，编辑在微博第一轮的发布后，要进行第二轮的重新编辑，裁剪、组合、排列，提炼标题，制作可阅读的二次传播。前线传回的一张图片如果安静地躺在图库里超过12个小时，那就是报社巨大的损失，任何一张看似平淡的照片，通过裁剪、现场收声、模拟音效、配音、文字的重新组合都可以是一套全新的视觉产品。

新媒体对于图片以及视觉产品的生产和使用有些疏忽。编辑习惯把注意力放在文字上，我们是多条线出击，马来西亚、越南、澳洲，包括北京的丽都。尽管一直没有确切的消息，图片资源并不丰富，但仅限有的内容，在几轮的传播中制造若干视觉产品是没有问题的。

以上其实是我个人工作中的一部分内容，同时也需要多个部门协调合作，我们目前存在的问题不是拿来主义，前方传图后方用，而是编辑创造性的再加工。关键是得有人协调，有人盯着做！

时任乌克兰副总理格罗伊斯曼接受俄的专访,披露了MH17调查进展的一些细节和乌克兰对空难调查的态度。而面对MH370的失联,马来警方和军方给出的结论往往是"不知道"。

韩旭阳。

我的两次马航空难采访

韩旭阳 | 新京报中国国际新闻部记者

从新闻操作的角度来看,失联航班MH370不但由于离奇失联受到各方关注,更由于飞机上有150余名中国公民,让这场空难在中国人心中留下深深的烙印。而MH17航班被击落事件虽发生在俄乌边境,但马航的事故再次唤醒了国人MH370的伤痛。

《新京报》两次关于马航报道的反应和报道速度都十分迅速。当3月8日,载有239人的MH370航班没有按时降落的信息传出后,我们的记者已经前往机场了解情况,进行报道。当时的报道仍侧重于传统纸媒的报道思路,挖掘信息，报道现场并最终组稿，晚上交付编辑修改见报。

而 2014 年 7 月 17 日 23 时，MH17 航班坠毁的消息传出后，《新京报》立即组建了一支报道团队，发挥报网优势，对空难进行网络滚动播报，所有最新动态进展和分析全部第一时间出现在《新京报》网上，而报纸编辑则将记者们实时发布在网络上的新闻进行整合和编辑，组成完整的长稿见报，效率明显高出不少。

在采访 MH370 航班失联时，由于签证问题，3 月 11 日凌晨，航班失联后第 4 天，我和摄影记者赵亢才到达了马来西亚（简称马来）。抵达吉隆坡之时，这里正因为山火的原因而整日陷入烟霾，雾蒙蒙的天气让人感觉好像没有离开北京。

置身在谣言与信息的中心时，内心反而多了一丝宁静——虽然没有坠机现场，但这里，或许就是最接近真相的地方，而报社同事兵分几路，前往越南和澳大利亚，希望能够得到第一手的新闻。

忙碌的马来官员

11 日下午 3 时的发布会是我参加的第一场马方新闻发布会。在结束了上午尝试采访中方家属未果后，提早赶到媒体中心占位置的我心中仍惴惴不安。这时，一名身着警服、包着黑色头巾的中年女性走了过来，询问旁边的座位是否没人。

坐下来后，她主动和记者聊起对 MH370 搜寻工作的看法，对航班失踪表示震惊。"我们在尽力的寻找它的下落，"她说，"欢迎你来吉隆坡。"

她就是马来西亚皇家警察助理总警监拿汀阿斯玛瓦提·宾缇·艾哈迈德。

阿斯玛瓦提说话速度很快，但逻辑清晰。面对这样的事件，她也感到无所适从，"希望尽快找到航班"是她最大的愿望。

在发布会上，她负责公布两名伊朗人的照片，高举照片的她也被媒体的镁光灯和人流包围。人们争相上前，希望能够第一时间拍到清晰照片传回后方，而阿斯玛瓦提则不停地按照记者们的要求，将两手中的照片尽量

我的两次马航空难采访 | 新闻背后

2014年8月9日刊登《MH370航班失联超24小时》一文。

举高，严肃的表情中透露着一丝无奈。当我问她照片是否存在 PS 时，她无奈地说，"主要是看脸。"

第二天，阿斯玛瓦提没有出现在媒体中心，打电话过去，她因感冒发烧在家休整。"我只能休息一会儿了，"阿斯玛瓦提说："每天从早到晚都是各种会议和简报，我只能休息半天，然后继续工作。"

而在动身前往马来西亚之前，我通过马来西亚外交部的介绍，认识了新闻中心的马来应急指挥中心负责人马诺。然而直到抵达数日后，我才在新闻中心看到了他本人。

见面后，马诺很愧疚地说，"等我几分钟"，随后冲进新闻中心的临时办公室处理问题，出来后，马诺边和我讨论能否采访马来国防部部长希沙姆丁的问题，边不停地翻看各种工作记录。

"自从成立新闻中心，每天都在一时不停地工作，"马诺边说边露出马来人那种灿烂的笑容，"我们很关心这个事件，现在全身心都投入在这里。"

随后，他不停地在猜是马来外交部的哪个朋友将他的私人电话给了我的同时，记录了采访希沙姆丁的提纲，说马上联系交通部相关负责人给我答复。

虽然数小时之后，交通部给的答复并不乐观，但马诺说会继续帮我争取。

15 日，当马来西亚总理纳吉布突然宣布要召开新闻发布会时，各路记者蜂拥至新闻中心。人群中，马诺的高个子很是显眼。他说："今天是总理发布信息，我身上的担子轻松了不少。"但随即就带着一堆文件消失在了人群里。

信息公开的速度

当时，我们将根据地扎在举行发布会的机场附近，每日外出采访再返回发布会成为了记者的常态。

在马来西亚的家属被当地很好地"看护"起来，几乎不可能获得有效信息，由于时间紧迫，我们决定将寻求新闻真相作为目标，转而尝试采访马来西亚军方、警方、国会议员、执政党、前政府首脑和普通民众等各界人士，寻找有关MH370航班失联的新闻线索的突破口。面对这起空前的航空灾难，没有媒体宣布掌握确切的消息，每天的发布会成为了谣言与辟谣的现场。而随着谣言和信息的更新，是否去槟城、安达曼群岛、玻斯也成了各个记者相互询问的话题之一。面对这种情况，希沙姆丁却对记者们说，"如果你想把它看成混乱，就只能看到混乱。"

在一次采访结束后，一位西方电视台的记者开始采访同行，他问我对MH370航班失联的看法和对马来方面处理问题的看法。采访结束后，我问他为何要采访记者，他说，由于没有任何有效信息，他想问问同行对这个空前情况的看法。

当澳洲宣布发现两个疑似物体时，身边CNN的制片人跟我说，我们现在就有一队人准备出发，很快就能到达现场，边说边给我看他手机里的电子工作签证。

马来西亚总理纳吉布。

14日，我们意外获悉马来总理纳吉布将要前往机场附近一家清真寺，没有人知道他会去哪一家，我们只能赌一把。幸运的是，我们在第一家清真寺外就遇到了两位西方记者。最终，神色匆匆的纳吉布也出现在了这里。

我和一位西方记者一直追着他，向他询问搜寻进展以及航班是否折返，但无论如何追问，他只是面带微笑，毫不停歇的步入大殿，祈祷结束后，以同样的方式快速离开。甚至在离开清真寺前，希沙姆丁询问他是否要对失联航班一事发表看法时，纳吉布也没有任何表示，仅仅挥手致意，上车离开。

在航班失联 7 天后，马来方面才表示，航班的确存在着折返的动作。信息公开滞后可见一斑。

与 MH370 航班不同，几乎是在 MH17 航班坠毁的消息传出的同时，关于该飞机被击落的消息就传播开来，各方面对这种说法都没有采取否定的态度，人们的注意力随即转向是否有幸存者等救援问题以及是谁将飞机击落的问题。与 MH370 航班不知所踪不同，MH17 航班的遗骸就散落在乌克兰北部，所有可能阻碍调查人员和记者的人为因素都在国际压力下逐渐解开。海量的消息随着事件的进展回馈到各个方面——荷兰、乌克兰、俄罗斯、美国、英国等都在公布第一手的讯息，甚至在 MH370 航班问题上慢半拍的马来西亚也第一时间派出交通部长前往乌克兰和荷兰，甚至乌克兰总统总理、俄罗斯总统、马来总理等人物纷纷接受媒体采访，表明观点。

在现场总会有意外收获

在报道 MH17 空难的时候，很意外地发现了一个熟悉的名字——新任马来西亚交通部长廖中莱。在马来西亚报道 MH370 的时候，廖中莱还是马来西亚执政党国阵（国民阵线）中马华公会总会长，曾接受过我的专访。

当时，作为执政党的马华公会正在和人民公正党竞选一个议员职位。原本当天我们是为了采访马来西亚前副总理安瓦尔而前往该州进行采访，而当晚在竞选现场，我们意外地得知国阵的几个高层也在对方阵营的现场，于是我们在采访完安瓦尔后，火速赶往国阵现场，在那里，廖中莱在马路边接受了我的专访，他认为政府公布信息缓慢是因为"必须确认这个资料是否正确才能够发表"，"我们的政府非常透明，绝对没有隐瞒和拖慢调查工作。"

当时他的秘书林钊盈对我说，很难想象一个党魁可以在路边接受媒体的采访,"他们通常都有保镖拦着,廖会长很平易近人。"

在 MH17 航班坠毁后,我再次与林钊盈取得联系,他说可以联系他们获得马方发布的第一手讯息并可以帮助联系看是否可以与廖中莱做对话,"飞机出事后,他(廖中莱)从北京赶回马来,又立刻前往乌克兰,现在又在荷兰参与调查。"林钊盈对事情的进展也很无奈。我们没有选择前往 MH17 航班坠毁事件的现场。在监控动态的同时,关注侧重点在于坠机后的谜团——空难调查难题、谁击落了飞机,以及事件对本已紧张的俄乌局势的影响等方面。

在与乌克兰紧急救助中心联系的时候,对方为我提供了时任乌克兰副总理格罗伊斯曼的联系方式,他也是调查乌克兰方面的负责人。很快格罗伊斯曼就接受了我的专访,披露了调查 MH17 空难进展的一些细节和乌克兰对空难调查的态度。这种速度和级别的官员回应在因 MH370 面对马方官员时几乎是不可能的——我曾与马来西亚第二财政部长阿末胡斯尼讨论,说道马来的华文教育和政治现状时他很有兴致,但一提起失联航班问题时,这个原本微笑的白发老者,立刻神情肃穆,摇头说,"这个问题你要问希沙姆丁。"随后摆手离开。

当我拨通荷兰安全部负责人莎拉的电话时,她立刻向我解答了调查进展方面的疑问,并表示,愿意随时保持联系并解答相关问题,而面对 MH370 的失联,马来警方和军方给出的结论往往是"不知道"。

在新闻采访的报道中保留人的尊严，不仅仅是新闻伦理，还有，它更是一种审美。

确认马航坠毁后，抑制不住悲痛情绪的家属彼此安慰。

克制的泪水最动人
——马航 MH370 失联报道如何把握情绪

雷学勤 | 浙江广播电视集团交通之声记者

还在学校读新闻学的时候，看到过一张普利策奖的获奖图片：一张黑人妇女的脸，一颗晶莹的泪珠从紧闭的双眼刚刚坠落——她刚刚失去丈夫。解析是：克制的眼泪。

我永远记得这滴克制的眼泪，它意味着节制的悲痛，不曾爆发但深刻的痛苦。那一刻，我被极度哀伤中的那位夫人保留的尊严深深打动。在新闻采访和报道中保留人的尊严，而不是记录歇斯底里的情绪，或者不加处理地去展示极端状态下人的扭曲，还有无端猜测扰乱视听，不仅仅是新闻伦理，还有，它更是一种审美。往深层次讲，如果破坏了这种审美，其实就是破坏了人类共同的价值底线，只能招致反感和负面效应。

2014年3月8日马航MH370失联这天，我是浙江交通广播的值班编辑，作为资深编辑，对于目前频发的灾难新闻，意识非常强烈，那就是所有可能的灾难来临后，除了灾难本身，最重要的报道当然是灾难中的人。所以，全世界都想知道，乘客们都有谁，他们都有什么样的故事，这架航班究竟去了哪里？当然，我也会指示记者去"挖"这些"料"。从心理预期来讲，有多么动人的故事，就有多么好的报道。特别是对马航这种类型的灾难，不可能深入到灾难发生地，而是情感追溯和问题追责。

当时正值全国两会期间，浙江交通广播赴京采访的有两位记者，其中一位得知消息后，马上赶往北京丽都酒店。但是，作为地方台的临时赴京记者，缺少资源，根本找不到相关信息，于是，我只能在网上拼命搜集信息。当天下午，我搜到了《新京报》的相关消息，还有相关微博，看样子是《新京报》拿到了旅客名单后，从姓氏连号等办法去查了一部分，然后是从各个单位得到的信息。这已经是很稀缺的信息，我全部把它们摘录编辑并插播。其中一档整点新闻是这么编辑的：

"稍晚，马航发布了乘客名单，中国乘客154名，其中一名婴儿和一名台湾同胞。另据了解：国务院国宾礼特供艺术家、中国国学学会名誉会长、中国文学艺术家联合协会副主席蒙高生和南京书画院刘儒生夫妇等多名画家乘坐此机。电信业有七位人士在此飞机上：中国电信国际部张华莲处长、工信部信息安全中心的两位博士、华为公司的四名员工。不少失联客机乘客家属赶往首都机场等候消息。他们告诉记者，他们的亲友此前去过尼泊尔，此后计划从尼泊尔飞至马来西亚，再乘坐失联航班回京。另有家属表示，孩子是一家三口一同去泰国游玩，回国转机时乘坐了失联航班。此外，还有一个老年旅行团，分两批回国，其中一部分乘坐了该航班。失联航班乘客的家属，已陆续赶到丽都饭店。马航已将家属统一安顿在饭店一个小厅内，饭店外已经安排了救护车。另据报道：首都机场已派出超过30名志愿者在机场为从外地赶来的乘客家属提供力所能及的帮助，将他们送上大巴前往丽都酒店。"

这就是当天能搜集到的最大范围内关于家属的消息了。

关于马航MH370的报道，引起业界争议比较多的主要有两点：一个是采访家属的新闻伦理，一个是呼唤马航回家的"心灵鸡汤"。如果把两个问题放到一起，其实就是在煽情和克制中找到适度的情感表达方式。对新闻伦理而言，最严重的要数3月8日出事当天上午，微博上晒出的一张机场图片：在警察的搀扶和护卫下，一位白衣女性家属拿着手机在打电话，明显情绪失控，一位黑衣夹克男士搀扶着她，并转头朝记者们大吼。可以想象他在阻止什么，因为周围架着无数的镜头，还有明显是记者的人在围观。这张图片确实成了涉嫌违背新闻伦理的"呈堂证供"。

当天上午，《人民日报》就发出微倡议《请给家属们一个安静空间》"在此恳请各位记者，按捺住抓独家的心，给家属空间。此刻他们更需要安静，不要打扰。"

知名评论员曹保印的微博也颇为痛心疾首：

"我的媒体同仁们，在报道空难时，你们的职业素养、职业伦理和作为人的起码同情心哪里去了？空难发生后，你们将镜头对准家属，围追堵截，为了自己想得到的无效信息，毫不顾及他们伤心欲绝的感受，你们的行为是可耻的啊！他们的感受还用采访吗？请去报道更重要的信息吧，将你们的镜头从他们的脸上移开！"

曹保印本人也是浙江交通台的特约评论员，正好这段话也被我们录制成了2分钟的评论节目，在当天即时播放。然后，我在HI-FM93的微信平台上看到的听众留言都是辱骂记者的——非常让人汗颜！我和北京的记者通电话，问他有没有加入围追堵截家属的队伍，他说没有，实在不忍心，而且这时候也问不到任何东西。这位记者说，候在这样的现场，等待一再推迟的发布会,精神状态十分疲乏,同样也是一种折磨。

一个记者在北京,除了报道其实也没有多少信息量的马航发布会,还能报道什么?我看到了张力奋的文章《焦虑的"丽都"》,里面有非常动人的一段话:

"二楼过道一侧,立着今晚一场婚宴的大红喜报,金色的双喜图案上,'刘磊先生、李径小姐结婚喜宴,在二楼宴会厅'。一墙之隔,正痛忍生离死别。"

我问正在丽都的记者,你看到结婚海报了吗?确实,他也看到了。我说你能用自己的话来表达这些感受吗?第二天,在电台最重要的早高峰时段,关于马航事件,我编辑了两段内容,一段是在马航开完新闻发布会,说"降落在 NANMING",我们这位记者跟着马航工作人员追问,"到底是不是安全降落了?""能不能说得详细点?"算是发挥了"从门里被赶出来,还要从窗户爬进去"的精神。在一群记者中,他的声音还很高,听得很清楚。而另外一段就是他的手记、见闻,包括那个大红喜帖,还有连日的精神和情感的折磨,采访到一位家属,但是半句话后就是哽咽,虽然没有完整的表达,但是我觉得哽咽其实就是最好的声音,不需要追问,就这样放出去好了。我想,这一边是"围追堵截",另一边是"侧面观察、感同身受",应该清楚表达了我们的"编辑思想",把这两条报道放到一起,就是诠释了新闻伦理,就是对前一天听众在微信公共平台上辱骂记者的最好回应。

马航 MH370 失联已经超过一个月,细数关于家属的报道,确实只有寥寥几篇,《新京报》的记者手记《马航一月,乘客家属的五张面孔》算是难得的关于故事的内容。我相信,这些追忆不是围追堵截来的,而是默默守候,留言,等待,陪伴,在家属愿意说的时候去倾听。五个人的故事很平淡,讲述了他们的失去。仔细琢磨,这些故事,其实都很简单,因为记者只是倾听者,很难追问,每个故事都是适可而止。虽然不满足,但是我们理解。也是这一事件中难得看到的家属的采访了。值得一提的是,版面中配发的照片是一张男女相拥的侧影,我觉得编辑想表达的是,他们很悲痛,却正在彼此安慰,至于他们具体是谁,则显得不那么重要。

新京报 2014年4月8日 星期二
A08 封面报道

马航一月，失联者家属的五张面孔

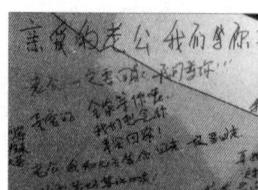

3月20日，丽都饭店家属区，家属委员会为失联航班的亲人立起祈福墙。
新京报记者 李飞 王贵彬 摄

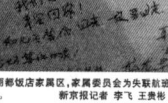

人物简介

刘桂秋	失联乘客李乐的母亲	承德人
王波（化名）	失联乘客的儿子	北京人
张静	失联乘客赵朋的妻子	定州人
杨荣	失联乘客王永强的妻子	定州人
刘佳妮	失联乘客刘如生的孙女	南京人

3月24日，马来西亚政府确认马航坠毁，乘客家属情绪失控。
新京报记者 侯少卿 浦峰 摄

坚守者 / **自救者** / **拒绝遗忘者** / **现实者**

2014年4月8日刊登《马航一月，失联者家属的五张面孔》一文。

这次马航MH370失联者家属的报道，可能因为第一天的"呈堂证供"和有识之士的大声呼吁，媒体颇为投鼠忌器，也可能导致了一部分情感诉求的缺失。我比较赞成石扉客的观点，他在《没任何理由让记者不去现场》一文中，强调"对遇难者个体命运的细腻刻画与深切同情，更是成为灾难公共记忆里无法忘却的一部分"，还不点名地批评了象牙塔里的教授阻止记者和家属接触的言论。作为业界人士，让记者不去新闻现场，这种理解绝对矫枉过正。但是，怎么在现场采访却是需要考究的。比如，镜头很近地对准痛苦的面孔？让人家说不下去的时候，要求重复说过的话？

而在这一问题的讨论中，央视记者王志安则写道：

"乘客的家属固然需要尊重，但不拍摄不采访并不意味着就是尊重，因为那样，他们的声音就没办法为众人所知。现在，他们的感受，他们的利益诉求，远比一般围观的人重要吧。真正的原则是：没有不能拍摄的场景，只有不能采取的方法……幻想一种没有情绪冲突的采访关系是不现实的。"

那么，如何做到"适度"呢？3月10日一篇由中国心理学界危机及灾难心理救援项目组整理的文章——《飞机失事等灾难新闻采编注意事项》被广为转发，列举了数条灾难报道的业界自律原则：

"采用联合采访方式，减少对遇难者家属的重复情感刺激。尊重采访对象不接受采访的权利。当采访对象处于惊恐状态时，放弃直接接触的采访方式，如提问、摄影、摄像；用其他不打扰的方式采访，如观察、访问他人，或放弃采访。面对刚失去亲人的采访对象，提问不涉及失去亲人的感受、对亲人的思念等。基于人文关怀，不以现场连线报道方式对采访对象进行侵入式采访，如对遇难者家属追问'有什么感觉'等不合适的问题。不连线播出哀伤或痛哭的声音或影像，或当事人神志不清下的行为、言语、裸体影像，以及跳楼逃生等影像。"

希望这些成为业界的共识，业界不仅仅指从业的一线记者，更指整个行业的指导思想和评价标准。

其实，除了对家属具体的人文关怀，飞机没有找到，我们还应该关怀什么？在飞机刚刚失联后，希望还是存在的，家属比任何人都渴望各方面的信息，种种没有核实过的猜测都会引起他们强烈的情绪波动，这种伤害比镜头对准他们更严重。

《新京报》3月9日的社论标题是《关注"失联"飞机是一场生命的守望》，社论说：

"微博和论坛上，不断出现'发现飞机残骸''机上有人幸存正在海上呼救'等假消息，不论编造、发布这些假消息者动机何在，这样的行为都是极不道德的，不仅混淆视听，可能干扰正常搜救，误导关注事件的人们，更不啻在情绪激动、起伏，正处于最脆弱状态的机上乘客、机组人员亲友伤口上撒一把盐。"

家属得知亲人失联的消息后，心理极度恐慌和焦虑，此刻最需要的就是心理干预，除了专业的心理救援人员从事危机干预，大众传媒在报道时也能体现出心理抚慰的有效作用，能够缓解乃至稳定由危机引发的强烈的恐慌、恐惧、震惊或悲伤的情绪，回复心理的平衡状态。刚开始就做种种阴谋论和各种电影大片式的猜测，只能引发家属更多的情绪起伏，给予过多的希望也是非常不人性的。

家属在极度悲痛下，难免不理性，不客观，而这次失联事件又非常特殊，耗时极长，马方刚开始确实又存在隐瞒信息的现象，飞机的出事地点连方向都发生了偏移，等等。经过漫长的期待和幻想，乘客家属的情绪日益激动。3月25日，部分乘客家属走出丽都酒店，前往马来西亚驻华大使馆抗议。舆论情绪立即又出现了另外一种不理性和不克制：集体声讨马方。3391万粉丝的电视征婚栏目"非诚勿扰"主持人孟非发了条微博："我没有去过马来西亚，以后也不打算去了，如果您也是，请转发一下，我想看看有多少人？谢谢。"18万人点赞，转发32万次。随后一些明星也带头加入这个行列，一时奔走相告，用不去马来西亚给马方政府施压。有的甚至还迁怒于马来西亚歌手。

对此,《新京报》又一次发表评论文章《舆情观察:马航失联报道,有所为有所不为》,分析了航班失联以来的各种不理性,明确指出:

"这次马航和马来西亚政府信息发布的数量、及时性和准确性,离中国民众特别是家属的期待相距太远,似与其国内体制和某些文化惰性有关。我们有权提出理直气壮的批评,但不能轻易扩大到外交和国际政治领域。"

家属确实需要宣泄,我们能理解,但是作为大众传媒也同样不理性,就会对整个社会带来误导,也会让判断力可能下降的家属更难控制情绪,导致很多善后问题难以处理,对家属本身也是一种伤害。只有客观冷静,及时监控舆情并发出及时的分析、说理、呼吁,才能纠偏舆论。

失联事件过去几天之后,人们对马航事件的敏感度稍有下降,各方消息更是十分稀少,大众媒体严格发布新闻,但是各种小道消息还是层出不穷,以致关于马航的新闻都流传着这样的段子:"每天上午是造谣时间,下午是辟谣时间,晚上是竞猜时间。"没有确切消息,各方都是传言,呆在丽都酒店的记者已经感到绝望,因为除了消息十分有限的发布会,家属已经在舆论声讨下被保护了起来,守候一天收获极小,最关键的是航班上确定没有浙江乘客,于是,记者就转向两会报道了。

但是,在浙江交通广播的节目中还必须报道马航事件,而作为编辑,就是搜集资料,思考现阶段人们的心理。其实,不管是家属还是其他听众,都受着同样的煎熬:不确定的煎熬,还有最坏打算的心理预期。马航MH370 航班失联多日后,很多消息说情形类似消失的法航 447 航班。于是,我查找到了一篇非常耐人寻味的文章《纽约时报长文揭秘:消失的法航 447 航班》,文章从打捞飞机残骸,鉴定遇难者身份到技术调查都有,但是最打动人的还是对于家属的采访,其中有这样的句子:

"我去了佩罗拉·米尔曼的公寓,她是一位量子物理学家,她的丈夫伊万不幸在空难中丧生。伊万不幸遇难后，佩罗拉一个人搬到了市内。""我不能再整天待在家里了，"她说，"我不能这样了，生活得继续，所以我离开了原来的房子，我把家具，衣服，一切的一切都留在了那里，我必须这么做……我在巴西的最后一天的早上，我从石油公司取出了三盒属于安妮的珠宝首饰。几天后，我飞到了路易斯安那州，把这些珠宝首饰还给麦莉。当她打开最后一个盒子的时候，她愣住了，脸色一下子变白了，她两只手都伸进了盒子里，捧出一串珍珠。她把这串珍珠捂在胸口，仔细地看着。过了好一会儿，她才抬起头说：'这串珍珠，是妈妈的'。"

文字很美很哀伤，但是作为广播，却缺少音频。最终，我在凤凰视频中找到了相关纪录片，又做了技术拼接。

其实，在快餐化的时代，广播基本是碎片化传播，5分钟一个段落，你不能要求听众一直安安静静听半个小时，所以，广播现在几乎没有超过十分钟的专题节目。但是，当我把这段类似广播纪录片的东西做成了专题片，当听众听到"她手里捧着那串珍珠，用手指轻抚着它们，静静地坐在那里。'这是我拥有的最后一件她的东西了，'她说，她变得泪眼蒙眬，'我真希望她能回家，当希望渺茫的时候，我也不敢有任何奢望；但现在，又有了希望，我想她。'"这段文字时，很多听众通过微信发来了自己的感受。

其实，这段不同常规的节目，就是让大家理解家属的失去，理解家属的伤痛，理解接下来可能发生更长时间的煎熬，和时间长河中沉淀的哀伤。毕竟，我们的关怀之路还很长，这从法航的报道可见一斑。媒体一时的热闹过去，但是对当事者却是一生。

有研究者认为，经历灾难的一般民众，心理变化可分为三个时期：第一是灾难发生后数小时至数日间的麻痹期，第二是发生数日后到数周之后的人道期，第三是灾难发生数月后至一年余的幻灭期。基于此，媒体就需要根据这些心理需求和各种社会心理，及时发出理性和关怀的声音，抚慰受伤者的心灵，让时间抹平伤痛，减少外界的干扰，让他们可以倾诉，可以静静疗伤。

这里的逻辑一环套一环。必须厘清后回归常识，才能理解这些由"白手套"们主导的诡异行为背后的违规之处。

李超。

如何研究"白手套"们的故事？

李　超 | 知名媒体人

近年来，整体舆论环境，法治与权力交织出愈加复杂的现状，让新闻报道的风险居高不下，而财经类媒体由于其报道的特点，在触碰敏感问题时，报道空间似乎会更加宽松一些。

不容否认，财经报道在方法层面对调查新闻形成越来越大的影响。这种趋势表现在市场化新闻产品的数量和品质中。结合新闻外部环境所做改变，这种改变体现在操作报道价值共识和业务模式。单纯的场景人物白描和渲染，已不能满足读者对信息量和阅读快感的需求。

以MH370失联报道中的中西媒体差异为例，如单纯从政府发布、家属心情描写等，此类报道最多会陷于口水，传统媒体更比不过新媒体的速度。西方媒体针对失联飞机的报道，更符合经济学思维中对专业化要求，比如飞机发动机的信号发送，以此倒逼马来西亚政府进一步公开信息。

但试想国内有多少媒体记者，在飞机失联后尝试着去与飞机发动机公司联系？也许连波音使用何种发动机都不知，更不知飞机发动机能发送信号。不过一味揭短并无意义，认真培养这种报道思维倒是值得研究。

MH370让我们看到了经济学思维在日常报道中可延伸的空间和路径。也逐渐让媒体从业者意识到，经济学思维与分析手段在时政、社会类报道中的运用，拓展了报道的空间、深度与影响力。

实际上，经济学思维的培养，并非想象中那么难。但起码要让记者对复杂商业现象背后的逻辑充满好奇。本文即从商业公司调查入手，结合此前几篇官商报道，简单介绍一下如何研究"白手套"们的故事，但这只是一个开始。

寻找神秘股东

官商报道中有一个概念值得重视，那就是"白手套"。"白手套"是指替别人把"黑钱"漂白，替别人打掩护的人。这种隐秘人群的存在，成为了腐败者的工具。他们时常作为公司的股东出现。纪检部门或者公安部门调查，也会从"白手套"入手。

2013年4月1日刊发的《国土局长家属入股地产公司》一文，其中涉及的霸州盛达房地产开发公司。这里面出现了两位身份奇怪的股东。

2012年工商资料显示，公司注册资本5260万元，其中公司董事长罗言长出资5110万元，刘国锦、李素芹、杨文斌分别出资50万元。我很快了解到刘国锦是该公司副总经理，而对另两位股东公司员工却从未听说。

这引起更多猜测。首先要做的是根据股东的身份信息寻找住处。但是这些身份资料显示的家庭住址都是多年以前，已是无迹可寻。

工商资料显示，杨文斌出生于1985年，2002年开始从事个体经营。他

成为盛达公司股东时，只有19岁。李素芹出生于1958年12月，从1978年开始在家务农。

后来多方打听核实，又从公安系统调取户籍信息，才得以证实，李素芹是霸州市国土局原局长刘兆侠的妻子，杨文斌则是现任国土局党委书记杨尚军的儿子。

当然，尽管李素芹和杨文斌都是官员的直系亲属，但他们亦作为"白手套"的身份出现。在这个基础上，房地产开发公司与国土部门的"合作"是要调查的重点。

但这种调查的一般逻辑就是先找到可疑项目，再查这个项目由哪家公司在做，研究这家公司的工商资料，分析股东。

可见工商资料的重要性。因为其详细地登记了公司主体的经营、股权等信息。企业需要在其注册地的工商部门例行备案工商资料，每年要年检。

工商资料分为基本档案和内档。基本档案在各地工商局网站就能查询。内容包括企业注册地址、注册资金、法定代表人、经营范围、成立时间等信息。内档则有更加详细的信息，需要律师拿着律所介绍信去工商注册地调取，某些地方比较严格，调取甚至需要法院的立案通知书。内容涵盖股权变更信息、公司章程、注册地址的房产信息、投资信息、股东信息、年检资料等。

目前出于企业信息保护，工商内档所能披露的信息越来越少。比如财务报表详细的银行贷款项目、往来款出处，以及股东的身份信息资料等都不属于披露内容，或者在调取时候会被工作人员抽出。

再以2014年3月3日报道《周滨叔父周元青被带走调查》一文作例。

我首先发现周元青家车库里的两辆奥迪A8轿车，登记在江阴奔跃汽车有限公司名下，我怀疑周元青妻子周玲英与该公司有联系。简单查询公司的基本档案发现，该公司的法人代表是"周军"。

随后查询周军的各种信息，江阴当地的论坛里有网友介绍周军后台很硬。那周军与周家到底是什么关系？周玲英与江阴奔跃汽车有限公司到底是什么关系？——我只有调取江阴奔跃汽车有限公司的工商内档。之后才发现周玲英是江阴奔跃汽车有限公司的大股东，这算是铁证。

周军可能是周玲英的"白手套"，周玲英也可能是其他人的"白手套"。

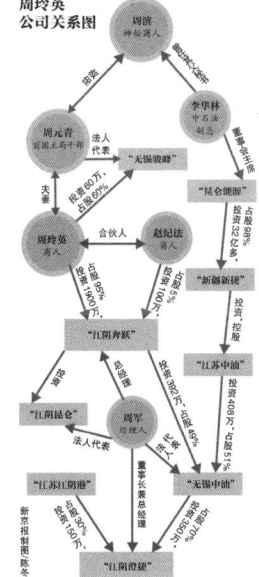

2013年4月1日刊登《周滨叔父周元青被带走调查》一文。

然而现实中，很少有官员会直接在企业持股。一般会找家属入股，或者寻找"白手套"代持股份。后者更为隐秘，几乎是官商报道中最难搞定的一环。

后来，我研究了江阴奔跃汽车有限公司的工商资料，发现该公司曾投资两家能源公司。分别是无锡中油昆仑能源有限公司，和江阴昆仑能源有限公司。

这在两家公司的工商内档中，无锡中油昆仑能源有限公司背后的大股东则是中石油旗下昆仑能源有限公司。2013年8月，昆仑能源董事会主席李华林因涉嫌严重违纪被调查。

追下家，无锡中油昆仑能源有限公司又和江苏江阴港港口集团股份有限公司成立了江阴澄捷能源有限公司。法人同为周军。该公司主营LNG能源。

周玲英主要控制的公司与昆仑能源有限公司的蹊跷合作成为行文的关注重点。因为在昆仑能源有限公司负责人被调查之后，周玲英一家亦被调查，这犹如一条线的两头，端着两头就可以拉起一条线。

工商资料中的"隐秘线索"

2014年2月26日《公租房撂荒背后隐现周滨"白手套"》。最初也是工商资料的运用。此前媒体报道米晓东是周滨"白手套"。但基于北京市工商局网站的信息闭塞，我们无法查到与米晓东发生关联的公司。

2013年12月底，正值北京市工商信息查询网改版。机缘巧合我在新网站搜"米晓东"，发现与其相关的三家关联公司，尚未被媒体报道。这就涉及工商资料查询的关键词搜索，比如法人代表搜索，输入人名即可查询到关联公司，但也会出现同名同姓，要根据实际情况进行排查判断。

也有地址关键词搜索。之前我查询与米晓东发生关联的公司，就输入"奶白路"，发现登记在该地址的多家公司。但"奶白路"在电子地图上搜寻不到。这个事情本身就很蹊跷。

调取相关公司的资料后，发现公司与北京朝阳区来广营乡新生村的一个租用合同。这个合同是房屋租赁合同，但租期却是20年。这让人感到疑惑。

谁租房子一租就是 20 年，有违常理。

费了很多劲才找到奶白路。但看到几百亩的荒地里孤零零地两三幢二层小楼，这也基本验证先前判断：租房子只是幌子，而是租用了这片土地。

查询到周滨岳母詹敏利在望京的房产为公司注册地址，亦发现詹敏利的固定资产。这个地址是北京市朝阳区阜通东大街 6 号院 1 号楼 5 层，共有 10 套房子。

我以"北京市朝阳区阜通东大街 6 号院 1 号楼 5 层"为关键词搜索，发现更多与詹敏利相关联的公司。

对影视公司进行公开资料检索，发现詹敏利女儿——周滨妻子黄婉曾多次以出品人身份，参与由这家公司出品的与政法题材相关的影视作品。

在财新网的《白手套米晓东》报道中，财新记者也是查询了以米晓东为法定代表人的陕西秋海汲清石油科技有限公司的注册地址，后来查到该公司统一注册地址的另一家石油公司——陕西德淦石油科技有限公司，揭开了被转卖的两个陕北油田。

另一个值得关注的是经营范围。在前述《周滨叔父周元青被带走调查》一文中，我曾专门调查周元青为法定代表人的无锡骏峰经贸有限公司。该公司成立初的名字是无锡骏峰农资发展有限公司，公司主营农药化肥。

但成立两年后经营内容发生变更，专门增加了"消防设施、消防设备及器材的销售"。当时我就觉得这个改变很诡异，为什么会单独增加这块内容，与之前经营范围相去甚远。外围采访时了解到，周元青与当地消防武警的关系密切。

后来我专门找了一些无锡当地专门做消防器材的公司。后来也逐渐验证之前判断。公司在 2007 年 6 月更名，法人代表也变为周元青。这个时间点的变化，结合周元青的履历即发现，周元青应刚好从惠山区国土局退休。但这种公司变更与履历变更的结合解读，会让你发现更多秘密。

其他公开资料的运用

前述《公租房撂荒背后隐现周滨"白手套"》一文中，以米晓东和詹敏利出资成立的北京汇盛阳光投资管理有限公司，其投资北京昀滢旭荣投资管理有限公司，后者又投资了北京秋海旭荣房地产开发公司。

查询发现该房地产公司在昌平区南口镇有一个公租房项目，并有多次公开报道。现场探访发现，原定于2013年竣工的公租房并没有建起来。没有建起来就等于没有赢利。我当时就想到这个项目难道夭折了？

后来检索昌平规划部门网站发现，除了2011年的公租房项目，秋海旭荣房地产开发公司在2013年10月又获一个土地整理项目。这个项目位置在昌平马池口镇土楼村北。

我们专门跑到土楼村去采访，村委会的村官也不知这个项目的具体地址。公租房项目所在地是在南口镇，土地整理项目是在马池口镇。这两个项目是否存在联系？但是公开资料已无法帮助我解答这个问题。

我在网上搜到一份法律文书，这份文书是指位于南口农场的一个被法院查封的老年公寓，位置就在公租房项目旁边。文书标注地址就是马池口镇土楼村北。如果是这样，这个土地整理项目与公租房项目很有可能连在一起。但这只是一种可能性，手上的法律文书并不能证明具体方位。我需要更详细的证据来证明两个项目的关系。

2008年5月1日《政府信息公开条例》实施以后，通过个人或律师提出申请，有可能获得更多文件和档案信息。

我想到申请信息公开。其中土地整理项目的是"2013规条整字0045号"，公租房项目是"2011规条授字0011号"。

为避免怀疑，我分两次向北京市规划委申请信息公开。首先获得土地整理项目的北京市规划委建设项目规划条件。其中，该文件有项目介绍，共有多少地块，代表地块具体位置的"四至"（注：土地四周的界限）以及地块用途等。

后来，我又获得了公租房项目的信息公开，两个文件进行比较，最终得出结论。尽管我此前也尝试各种努力，希望从昌平区政府部门嘴中获取项目信息，屡屡碰壁。而申请信息公开，确实成为"柳暗花明"的一个招数。

值得一提的是，工商资料中的财务数字未必完全正确。如需要更准确数字，需要从税务部门、海关部门（注：海关口岸数据）等渠道获取。另对于国资企业或者国资改制的企业，工商资料里还包括相关的政府批文。

当然，这些基本材料的查询，只是报道的开始。凭借对这些材料的消化，可以帮助快速进入核心信息圈。

专业化知识积累

在此类报道中，专业素养和常识积累也很重要。记者除了需要会使用网络寻找线索，还要有专业的分析工具，如在传播学、社会学、法律、历史、经济学等方面有一技之长。平日可以多积累司法卷宗、学术文章，建立数据库。

前述"奶白路"的租用20年土地，在北京这种圈地做法并不鲜见。这只是北京的绿化隔离带用地——简称绿隔用地。但很少有人了解绿隔用地。

根据北京2001年出台的文件规定，对于经营性的绿色产业项目，其绿化建设用地面积在100亩以上的，允许有3%~5%的土地用于与绿地相适宜的建设项目。

如果记者缺乏对房地产行业的熟悉了解，亦容易掉入陷阱，误认为这是绿化公益项目。绿隔项目并不为外人所知，属于房地产行业中神秘一角。何为绿隔用地、绿隔用地权力寻租的可能性等，上述问题都需重新仔细梳理绿隔用地的历史。

早在2006年落马的北京市原副市长刘志华曾担任绿隔建设小组负责人，而后因在农民回迁房转为商品房上市销售事宜提供帮助而遭调查。如果查到这些资料，你自然会对绿隔用地多一分敏感性。

我们可能会经常遇到这样的问题：在采访前，首先，没有熟悉的专业人士；第二，对涉事公司所在行业背景不了解；第三，企业所在地完全没去过，对选题后续价值无法评估。这就需要记者借助于其他线口记者的资源。

前述公租房项目，首先要了解公租房与商品房的区别。主要从开发商而言，公租房几乎不赢利。建设公租房基本不是市场行为。那开发商会如何选择？

其次，要北京公租房项目的运作模式，比如开发商整体拿下一块地，按照政府要求进行配比，拿出其中一部分，用于建设公租房。

第三，要了解公租房和商品房项目开发的全部流程，比如一级开发有哪些流程，需要哪些单位来做，土地如果审批转换规划如何设计，何时才能进行二级开发，土地在何种情况下才能上市，具备哪些条件才能开工，等等一系列问题。

第四，针对特殊部分，国有农场土地是何种性质，如果要开发土地性质和用途转变程序是怎么样的，与集体土地如何区分，需要经历那些程序才能上市交易，等。

上述问题，都是需要采访专家，做足功课，了解基本程序，回归常识。

在调查中总有一些信息反常，比如说，政府公租房项目建设，一般是一路绿灯，给予各种便利条件。但是上述公租房却建了两年都没有开工。这就是反常之处。

前述河北霸州市环保局大楼被拆，土地被房地产开发所用。如果仔细梳理背景，聚焦问题在于"一个政府大楼所用的土地如何流转到企业手中"。

是否存在国有资产流失。假若不存在流失，重新盖楼获得同样建筑面积的办公场所，是否违背了中央有关楼堂馆所建设的规定。这里的逻辑一环套一环。必须厘清后回归常识，才能理解这些由"白手套"们主导的诡异行为背后的违规之处。

转型期的中国，权力拥有者攫取资源是一个典型现象，是转型期中国媒体不得不记录、不得不分析的内容。

落马的官员绝大多数都是通过传统的组织内部调查途经被查处,可能有些线索来自民间,但查处的主力还在官方。

褚朝新。

"打虎"仍须"武二"来

褚朝新 | 知名媒体人

因是湖北人,中国共产党中央纪律检查委员会(简称中纪委)宣布湖北原副省长郭有明涉嫌违法违纪接受调查时,不少媒体同行来问我会不会参与调查报道。我说:"最近落马的副省级官员太多了,厌了,无非就是贪污、受贿、搞女人。"

这么说,其实有点草率。每个贪腐官员,都各有特点,都有值得官员阶层乃至整个社会反思的地方。可是,大多数涉及贪腐的新闻报道停留在怎么贪、怎么腐、怎么色这个层面,无法进一步追问"贪官何以养成"等问题。这一现象，值得同业深思。

拍苍蝇多、打虎少

纵观这些年中国媒体涉及官员贪腐的报道，实际上并无真正的"反腐报道"。视域有限，或许真有而我不曾看到的"反腐报道"。若有，只怕笔锋大多戳在层级较低的官员身上。

拍苍蝇多、打虎少，这是当下中国媒体涉及官员贪腐报道的一个特点。

这些年，媒体记者拉下了不少贪官。比较典型的，有南京抽"九五至尊"的原房产局长周九耕，有陕西"表哥"、原省安监局局长杨达才，还有不雅视频男主角之一的重庆原北碚区区委书记雷政富，等等。

数来数去，被媒体拉下马的官员多是厅局或以下级别的，贪污、受贿、搞女人，大概就是这些腌臜事。事实上，中国媒体涉及省部级甚至更高级别贪腐官员的报道也不少，但大多都是在组织宣布其"涉嫌违法违纪、组织对其立案"之后。也有少数是组织已经在调查但并未公开的，个别媒体从某些特殊渠道获知了这一消息而展开调查并报道。

不管是组织已经宣布调查，还是组织已在查但尚未公布的贪腐案件，媒体据此进行的报道基本都属打"死老虎"。更准确一点，是报道"打死老虎"，"打老虎"基本跟媒体没什么关系。

如之前媒体对湖北原副省长郭有明和原贵州省委常委、遵义市原市委书记廖少华的报道，无不是组织已经宣布对其立案调查之后，始有大规模点名道姓的报道。

譬如之前对总后勤部原副部长谷俊山的报道，也算是一个典型案例。操刀该报道的财新记者王和岩撰文回忆了报道的源起：

"2012年2月10日，还在《南方都市报》任职的陈宝成给我发短信说，谷俊山从国防部的网站上消失了。我立刻跟宝成联系，他说，你搜下网，传说他出事了。一搜果然有传闻他被查。登陆国防部网站，在总后勤部副部长一栏中，谷俊山已不见踪影。我立刻写了条消息'总后勤部人事变动 副部长谷俊山已不在列',刊登在当天下午的财新网上。"

这段文字,基本可以说明"老虎"已死才能成为媒体报道的对象在当下是个较为普遍的现象。

即便是打"死老虎",但王和岩涉及谷俊山的报道仍受到中国媒体人的普遍追捧。这里,又涉及一个早就被灌输进中国媒体人脑子的铁律:涉军报道是个禁区。多年来,中国媒体对涉及军队的贪腐案件,一直都是小心翼翼。

2013年,十多名省部级官员落马,媒体忙活得不亦乐乎,但绝大多数是中纪委官方网站宣布已在调查的消息之后,各媒体才投入人力物力进行报道。偶有听到风声早就开始外围采访做准备的媒体,也要等到组织宣布之后才发布存了好久的报道。

王和岩在谷俊山的报道刊发后,写了手记《迟到的喜悦》一文。文内说,报道准备了一年才刊发,稿子写好后刊发日一推再推,最终刊出算是"迟到的喜悦"。中国媒体对涉军报道的谨慎,可见一斑。

若要进行一些总结和归纳,目前来看,省管干部及以下官员的贪腐案件,由省级纪委或更低层级的纪委办理,媒体报道的自由空间较大。中管干部,则成为媒体报道的敏感区。没有官方明确的信号,即便满世界都在传说某个高级官员已经落马,媒体都不敢或不被允许点名道姓地报道。

说媒体"拍苍蝇多、打虎少"及多是打"死老虎",并不是说中国媒体的业务能力差。导致这种现状的原因,相信不用我多说,业内人士都心里明白。

最近大半年,我还注意到这么一种现象经常发生:在一些地方的党报上,某个高级别的官员前几天还在主席台上大谈廉政或发号施令,不久就销声匿迹了。但这个官员最终落马的消息,绝对不是这家党报最先报道,而是中纪委网站率先发布。

鉴于纪委仍是个很敏感的权力部门,有时候关注地方官场的人不得不通过地方的党报或电视台来判断一个官员是否被查处。大多数时候,地方的党报会非常注意,避免让遭到查处的贪腐官员继续以在任的身份出现。因此,一旦若某个官员在该出现时没出现在党报党台上,就不免会引来诸多猜测。

涉及官员的贪腐问题，早期一般都处于较为严格的保密阶段，这使得地方党报党台有时候也搞不清楚地方官们的变动情况。

2014年3月22日，《江西日报》就遭遇了类似尴尬：该报当日2版刊登副省长姚木根署名文章，谈加强河湖管理与生态文明。中午时分，中纪委宣布姚木根涉嫌违法违纪接受调查。下午，该报将该署名文章从电子版撤下。

网络反腐成少败多

过去几年，网络反腐十分热门。但大多数网络反腐，停留在对不道德行为、违纪行为的揭发，直接涉及官员违法的举报并不多见。有证据的举报，更少。

上面提到的周久耕、杨达才、雷政富三人，均与网络举报有关。但举报的内容，最初都只涉及道德和违纪行为。真正导致他们落马获刑入狱的，是组织介入调查后发现的违法行为。而这些违法行为的证据，大部分并不是网络举报提供的。

周久耕，抽了一包高价烟，引起网民关注；杨达才，在事故现场疑似露出笑容，惹来一片义愤，遭网民追踪人肉搜索成为"表哥"；雷政富，和婚外女子发生不正当两性关系，被拍下不雅视频成为丑闻。这些网络信息，只是组织对其调查的导火索。当然，这些导火索对这些官员落马起到了至关重要的作用。

一个让我们这些新闻从业者有些羞愧的事实是，用两性关系反腐，成功率比媒体严肃的报道要高。雷政富不雅视频、衣俊卿情妇微博指控、上海法官嫖娼、湖北法官与女律师开房，报一个免一个，且基本受到了严厉的处理。而媒体关于官员们其他违法违纪行为的报道，未必能将这些官员拿下。

我曾写过江西、安徽一些地方官员向县委书记行贿的报道，即便这些行贿官员写进了司法文书，最后受到法律制裁的也只有受贿的县委书记，行贿者大多数照旧当官，有的甚至被提拔。

在让资深媒体人罗昌平一稿成名的嘉禾拆迁报道中，喊出"谁影响嘉禾一阵子、我影响他一辈子"强拆口号的时任嘉禾县委书记，调离嘉禾县后不久出任了地级市教育局局长。

当然，涉及官员贪腐的网络举报每天几乎都有，成功的却并不多。

网络反腐，目前大多只能算举报。而有些举报只有指控没有证据，常常是几个大词给人戴帽子，无具体事实依据。这样的网络反腐，基本不会引起太大的回应。此外，举报者或是图方便或是能力所限，常停留在爆料层面，而几乎没有或无力对所爆出的料进行调查核实，信息真假参半，不容易被采信。还有一些举报者，急于求成，急于在网络上引起舆论高潮，不愿意对有能力核实的信息进行有效的梳理、发掘和核实，也导致一些有价值的信息被忽视，或者打草惊蛇引来行政干预。

就目前国内媒体的状况，涉及副省级以上官员的网络举报，官方不发布消息，媒体一般不会碰。此外，有的涉贪腐官员的层级太低，有的涉及腐败的情节轻微，还有的缺乏信息传播的价值，这些都可能让媒体没有兴趣介入调查并报道。传统媒体不介入，很多网络举报也就难以进一步扩大影响，无法引起官方注意。

罗昌平实名网络举报刘铁男，算是一个成功的案例。这与罗昌平的职业身份有莫大关系。他所在的媒体，此前已派记者做了大量的调查和报道，罗昌平作为职业媒体人，并非简单的爆料，而是进行了信息的梳理、核实和进一步挖掘，手握了相当确凿的证据，加之有一些"老干部"四处奔走，诸多因素合力促成了刘铁男的落马。当下，大多数网络举报者做不到这些。

打虎是"武二"的活

就目前的反腐形势看，中央反腐的决心空前、力度也空前，但官方对民间反腐的期待与民间自发的反腐热情，并不匹配。

2013年，中央巡视组先后以"发现问题"为巡视观开展了两轮巡视。这种新的巡视观，过去从未被如此旗帜鲜明地突出。习近平指出："既要打苍蝇也要打老虎。"中纪委书记王岐山强调："发现不了问题就是失职，发现了问题不报告就是渎职。"自上而下的反腐决心，可见一斑。

民众常有这样的疑惑：上面的领导对基层发生的各种腐败知道吗？

以我从业十多年的经验看，对于当下党内的各种腐败，执政的高层多少是知晓一些的。2014年1月10日，审计署公开通报：审计中发现，2010年至2013年，重庆市黔江区扶贫开发办公室把183.25万元扶贫资金用于宴请、送礼等。扶贫款被用于宴请送礼，这属于极为败坏党和政府形象的行为，过去是不太可能这么点名道姓公开通报的。审计署能对社会公开通报，必是得到了更高层的批准，也确实显示了中央反腐的决心。

2014年3月22日11时40分，中纪委官方网站发布消息通报，江西省副省长姚木根涉嫌违法违纪接受调查。自2013年9月2日开通以来，这个官方网站几乎成为我每日必看的网站。这个网站，不断发布各种被查处的高级别官员。2013年至今，被查处的副省级官员已经超过20人，被查处的厅处级官员官员多得已经让数据统计不那么容易了。

正如上面所说，这些落马的官员绝大多数都是通过传统的组织内部调查途径被查处，可能有些线索来自民间，但查处的主力还在官方，因自民间举报媒体报道而落马的屈指可数。

不难判断，反腐的主角仍是以各级纪委为代表的官方，媒体对"死老虎"的报道，只能是给官方反腐壮声势。

在中国，一个省部级官员在位时可以调动很多行政资源对试图进行反腐报道的媒体进行阻挠。而且，这些人在位时仍手握大权，对其贪腐行为知情的信息源担心遭到报复，一般不敢接受媒体采访。此种现实，客观给媒体采访增加了难度。

老虎，不是每个人都能打或有能力打的。打虎不成反被虎伤，不是没有可能。

马航失联事件，惹来不少对中国媒体人的非议和批判。有些反思，是有价值且必要的，但据此一概而论否定中国媒体的新闻调查能力，并不公允。当下，《南方周末》《新京报》《南方都市报》《财经》《新世纪周刊》等媒体，仍有相当高的专业水准，尤其在反腐调查报道领域。

这让有足够专业能力的媒体大多数时候处在英雄无用武之地的境地。中国媒体的反腐报道，会在相当长一段时间仍无法发挥更多的主观能动性。

如此一来，中国媒体人只能在已有的空间里最大限度地发挥自己的职业能力、最大限度地做好能做的事情。这是现状，也是媒体人必须承担的责任。

INSIGHT
深度观察

刘海明 微博时代报刊的版权保护问题

只有认识到自身版权保护的问题，才能促使外界尊重报刊的版权权益。

刘海明。

微博时代报刊的版权保护问题

刘海明 | 西南科技大学新闻系教授

在第32届全国行业报社长总编辑岗位培训会议上，国家新闻出版广电总局新闻报刊司司长王国庆透露：2013年，全国报纸总印数下降2.3%，期刊下降0.5%；2013年全国报刊广告降幅明显，但报纸收入反而略有上升，北上广报纸利润率下降16%以上。报刊发行量、广告收入下滑，报刊业面临的困难令业界人士担忧。现实的生存压力，也是反思的最好的时机。报刊业要发展，需要多方面突围。这其中，加强版权保护在一定程度上有助于提高媒体的声誉，增加报刊的经营收入。特别是在互联网时代，报刊版权的弱势地位更加明显，报刊的版权保护难度更大。要改变这种状况，有必要从报刊编辑部内部和网络传播两个方面探讨版权保护的具体问题。

一、报刊编辑部的版权保护问题

讨论新闻媒体的版权保护，业界和学界的着眼点有所不同。业界喜欢站在受害者的角度谈论这个话题，这样的讨论有个预设：媒体是盗版的受害者而非侵权者。学界的讨论相对中立，既赞同媒体是版权侵权受害者这样的事实，也认为媒体在尊重著作权人方面还有不足之处。所以，报刊的版权保护，不妨先从报刊编辑部在版权保护实践中存在的问题入手。只有认识到自身版权保护的问题，才能促使外界尊重报刊的版权权益。报刊编辑部的版权保护问题，主要体现在编辑流程、报刊图片、作者署名和报刊转载四个方面。

1. 编辑流程的版权问题

报刊作为信息汇编的媒介，受客观条件的限制，其所刊发的信息无法以其自然的形式与读者见面。版面、页码有限，信息必须经过编辑的加工处理，以适应版面容量的要求。有些篇幅短的稿件，可能无法填充下整个版面，又没新增作品的必要，编辑通常会放大行间距或者插图以弥补其不足。对于篇幅稍长的作品，编辑则不得不适当删减字数。后一种情形，涉及作品完整权的问题。《中华人民共和国著作权法》（简称《著作权法》）第十条在规定著作人修改权（修改或者授权他人修改作品的权利）的同时，还赋予了著作权人享有"保护作品完整权"（保护作品不受歪曲、篡改的权利）。尽管现行的《著作权法》赋予了媒体编辑部的编辑权，编辑部有权修改作者（含记者）的稿件，但编辑稿件必须尊重作者的版权，譬如作品的完整。保护作品完整权，主要是指保护作品的内容、观点等不受歪曲、篡改的权利。根据这一权利，作者有权保护其作品的完整性，保护其作品不被他人丑化，不被他人作违背其思想的删除、增添或其他损害性的变动。然而，**有些编辑在编辑稿件时可能会因损害作品的完整性，侵犯作者的著作权。**

版权保护的是作品的完整，完整意味着作品所呈现的内容符合作者的意愿。如果作者违背个人意愿撰写文章,是写作的伦理问题而不是法律问题。媒体发表作者的文章,编辑部有权对稿件进行修改,不能歪曲作者的真实意图。特别是编辑和作者交流便捷的今天,编辑可以通过多种方式与作者取得联系,表达自己修改的设想,如果作者不同意修改建议,编辑有权拒绝使用该稿件或者尊重作者的意愿。违背作者意愿刊发作品,把编辑理念强加于作者身上,违背了《著作权法》精神。如果作者就此提出诉讼,编辑部拿不出有力证据,将使媒体陷入尴尬的境地。

2. 报刊图片的版权问题

无图不成报,无图不成刊。报刊采用图片,既有编辑部安排记者拍摄的,也有作者提供的,还有从图片专业网络购买使用版权的,此外也有未经著作权人同意在网络上直接下载的。在媒体用图市场中,涉足市场较浅的买方(媒体及其从业者)因市场观念淡薄造成了法律意识的缺失,引发法律方面的纠纷。从最高人民法院和北京市、广东省高级法院网上公布的图片版权纠纷案来看,国内不少主流报纸先后不同程度地被图片公司起诉过。即便是其他省份,报纸侵犯图片公司版权的案件也具有普遍性。

对于报刊媒体来说,图片既是信息的展示也是美观的需要;对于作者来说,图片版权则是摄影师的生命。不经作者许可使用其图片,侵犯了作者的著作权。媒体作为图片版权侵权者的现象具有一定普遍性。在一起摄影作者诉媒体的案件中,起诉者称:

> 2012年3月23日《环球时报》英文版第19版使用了我拍摄的三张照片,照片人物分别为巩俐、刘德华、姜黎黎。《环球时报》社使用上述照片未向我支付报酬,也未给我署名,且对刘德华、姜黎黎的照片进行了一定的遮挡,侵犯了我对上述三张照片享有的署名权和获得报酬权,还侵犯了我对刘德华、姜黎黎二张照片享有的保护作品完整权。现我要求《环球时报》社向我支付报酬4000元、精神损害费0.5元、律师费4000元,并在《人民日报》上向我公开赔礼道歉。[注1]

因媒体对作者版权的重视程度不够,特别是对选用网络图片的版权缺

注1:《周雁鸣诉<环球时报>社侵犯著作权纠纷案》,北京市朝阳区人民法院(2012)朝民初字第26333号,2012年9月5日。

乏应有的版权尊重，导致媒体成为被告的几率在上升。一家图片公司诉称：《新闻晨报》2005年9月26日B12版、2005年12月9日C26版、2005年10月17日B12版、2005年10月24日B14版刊登了广告"物流精英、北京轻卡"，该广告中使用的"长城"图片一幅系原告享有著作权的摄影作品，编号为0403。被告北汽公司为涉案广告的广告主，被告新闻报社则为《新闻晨报》的出版单位。该公司认为被告擅自使用其享有著作权的摄影作品，并未向原告支付报酬，侵犯了原告对该摄影作品依法所享有的复制权和获得报酬权，应承担停止侵权、赔偿经济损失等民事责任。要求被告赔偿原告经济损失3.6万元。法院最终判决报社停止涉案侵犯"长城"摄影作品著作权的行为，并赔偿北京全景视拓图片有限公司经济损失人民币2000元。[注2]

注2：吴汉东、胡开忠：《无形财产权制度研究》，北京：法律出版社，2005年版，第15页。

只有尊重作者的图片版权，报刊媒体才可以珍惜自己的图片作品版权。更为重要的是，也只有报刊媒体先尊重他人版权，在维护自身版权权益时才有充足的理由。

3. 作品署名的版权问题

当代的版权保护，不论是海洋法系还是大陆法系，作者的精神权利都成为法律保护的对象。所谓精神权利，主要指作者——著作权人（含法人）的人格权。"人格权"首次被法律所承认，是在1907年。瑞士国颁布的《瑞士民法典》中，为"人格权"独设一编，明确了人格的一般规定和人格的保护规范，标志着现代人格权立法已经进入完善制度。在该法典中，对"人格权"进行了分类：（1）姓名使用权与名称使用权；（2）肖像权；（3）法人的名誉权与荣誉权。这个分类，为其他国家规定人格权所借鉴。

人类最初的作品可能没有精神权利的概念，但作者署名的传统可谓源远流长。究其原因，在于文字工作的创造性和挑战性，在作者和作品之间建立了一种非常微妙的联系，客观上缔结了一种无形的契约，赋予写作者一种责任感，激励他们竭尽全力去完成写作的任务。写作历来被看作一项事业，而不是单纯的职业，就是因为写作是指向自我实现的人生。人们通过自己的笔，用自己的智慧为世界画像，为后世创造财富。写作事业的崇高地位，是著作者们自己首先构筑了一种自我心像，这种个人心像变成一种具有普遍性的社会风尚（或职业风尚），进而演化成一种全民的集体无意识，最终成为一种人类的自觉。在这种精神激励下创作出来的作品已经不是单纯的文字产品，而是人格的物化形式。

新闻作品的署名权，包括了作者署名和新闻单位的冠名权，即谁写的这个作品，该作品刊登在哪家媒体上。这表明，新闻作品的署名是作者署名和发文媒体署名的有机统一。作者的署名可能存在某些错位的情况。有的作者未必是作品的真正作者，在多个作者的署名作品中，可能存在署名者的顺序与事实不符或者没有参与作品创作的人被添加到作品的作者行列。如果是作者自愿的署名，《著作权法》尊重作者的署名安排，有时编辑部的编辑可能出于个人的考虑，要求给作品增加作者。有的编辑甚至不征求作者的意愿，擅自添加新的作者。

作者署名应本着尊重事实、尊重自愿的原则，部门编辑为未参与稿件撰写的记者求情，这种署名诉求即便原作者同意，也不宜得到鼓励。报刊媒体的版权保护，应从维护报刊作品版权的纯洁性做起。所谓版权纯洁，指《著作权法》应该保护那些真实参与作品创作的成员，而不能为"搭便车"提供便利。这类现象，在新闻作品评奖期间，可能更为突出。

4. 报刊转载的版权问题

转载是媒体间的复制行为。在传媒实践中，媒体间的转载行为相当普遍，这是因为媒体信息资源不足，使得转载成为一种客观需要。媒体信息资源不足有两种情况：*相对性不足与绝对性不足*。相对性不足是每天具有高新闻价值的事件有限，不足以供给一家媒体填充所有新闻版面，当然更无法满足整个新闻业的报道需求。绝对性不足，是由媒体新闻采集力量有限造成的。与互联网媒体的海量信息相比，报刊媒体承载的信息量小得多。但是，新闻内容的生产意味着人力、物力、财力和精力的大量投入。在报纸进入厚报时代，每天出版 32 版、64 版、128 版，乃至数百个版面的报纸已经成为常态：2012 年 5 月 30 日，《郑州晚报》推出 700 个版的特刊报纸，世界吉尼斯总部见证本次特刊的出版。如此多的版面，现阶段无法成为报纸常态出版的版数。但是，却创造了一个新的世界之最。

一个版面按照 6000 字的容量来计算，一份日均 64 版的报纸，每天要采写 38 万字的内容。如此庞大的信息需求，如果全部是一家报纸的原创性产品，该报需要雇佣多少员工，报社的采访费用预算是多少，显然是报社必须考虑的。社会分工的出现，通讯社成为最大的新闻内容提供商，报刊媒体记者成为独家新闻的探索者，报刊媒体的通讯员和自由撰稿人成为相当固定的准报纸从业者。即便如此，报刊版面的填充，从客观上还是需要转载其他媒体的报道。如果没有转载，一则新闻价值含量高的报道，受刊载报刊的发行量和发行区域的局限，其影响力将受到影响。只有其他媒体转载该报道，这则新闻的社会价值才可以体现出来，进而产生更大的社会影响。所以，一则报道被转载的次数，与其新闻价值密切相关。

我国的《著作权法》赋予了媒体转载其他媒体作品的权利，前提是转载必须尊重原发媒体和作者的版权，包括署名权、作品完整权和获酬权。实际情况总有不尽如人意之处，有些媒体在转载同行媒体的作品时，无意或有意间侵犯了其著作权。例如：

@财经天下周刊：【反对侵权转载】@中国新闻周刊 和 @中国企业家杂志 在未经授权的情况下，转载了本刊年度特辑中的文章—《冯仑：公知不要绑架企业家》，且未标明出处。导致凤凰资讯、@搜狐财经 等在转载时将来源标为中国企业家网或中国新闻周刊。我们强烈谴责这种漠视版权意识和他人劳动的行为，请同行们自重。

二、网络传播中的报刊版权问题

互联网出现后，为信息传播提供了得天独厚的条件。新闻媒体可以利用网络信息确定选题，可以在网络上联络被采访对象，媒体的作品可以借助互联网得到广泛的传播，提升媒体的知名度。与此同时，网络传播也让报刊媒体的版权保护遭遇巨大挑战。其中，网络转载、网络剽窃、作品稿酬与阅读收费涉及的版权问题，最为困扰中国报刊业。

1. 网络转载的版权问题

我国的新闻媒体属于特许行业。2000 年 11 月 7 日，国务院新闻办公室与信息产业部联合颁布了《互联网从事登载新闻业务的暂行规定》：网络媒体不拥有新闻采写权，登载新闻必须转载传统媒体信息。2005年9月25日两部又联合颁布了《互联网从事登载新闻业务的规定》代替上述规定，但仍未放新闻采写权给网络媒体。[注3]这种状况延续到现在虽有所改观，2012年8月8日，中国新闻出版总署官方网站显示，目前已经开放部分网站的记者证发放。已经开放记者证发放的网站均为中央级：新华网、人民网、中国经济网、中国日报网、中国国际广播电视网络台、中国网络电视台。但多数网络媒体仍没有独立的新闻采访权。没有采访权的商业化网络媒体不得不靠转载传统媒体的内容为生。在转载权限方面，网络与报刊媒体之间的转载，只有正向转载的规定，没有逆向转载的规定。也就是说，在著作权人（单位）没有发出尊重版权声明或使用版权符号的前提下，依照《著作权法》的法定许可原则，网络可以转载报刊媒体的作品，但报刊媒体直接转载网络媒体新闻作品则受到限制。

注3：秦斐：《新闻原创权分配背后的传媒格局》，《东南传播》，2007年第4期，第37-38页。

法规对网络媒体发展的限制，既制约了网络媒体的发展，也让传统的报刊媒体成为版权的受害者。 我国的《著作权法》赋予媒体法定许可转载其它媒体作品的权利。按照这个规定，网络媒体在转载其他媒体作品之时，只要对方没有声明未经许可不得转载，就可以合法地转载该作品。不少网络媒体为节约成本，拒绝支付作者稿酬；为逃避版权追责，有的网络媒体抹去原发媒体名字；有的网络媒体在转载报刊新闻时，擅自改动标题，严重损害新闻真实性；有的网络媒体，甚至不给作者署名。网络转载涉及的版权问题给传统报刊媒体造成精神和经济方面的损害。为维护自身的版权权益，有的媒体敢于向网络媒体的不法转载说"不"。例如《新京报》则通过多次起诉浙江在线维护版权权利。但是，像这样维护自身版权权利的报刊社毕竟数量有限。这是因为，网络转载不是无法可依，而是法律的诉讼成本较高，诉讼得到的补偿甚至不足以支付诉讼的费用，降低了报纸运用法律武器捍卫版权权益的积极性。另一个问题是，中国报业自身的问题。

众所周知，与发达国家的报纸相比，我国报纸还处于发展壮大阶段，无论从新闻采集的能力、新闻制作的质量、媒体的影响力，还是报纸的经济实力，目前均处于弱势地位。中国报业的做大做强，需要借助外力的推动。

基于这样的心态，不少报纸负责人将目光转向网络媒体。

2012年在杭州举行的数字环境下版权集体管理国际研讨会上，新闻出版总署新闻报刊司司长王国庆介绍，报刊著作权侵权问题日益突出，未经许可转载刊发现象严重，例如人民网签约单位有400家左右，但使用者多达上千家；超过授权范围、抄袭原创作品、转载不规范、错误转载等行为广泛存在。网络媒体侵权的成本低，传统媒体应该有所反思。中国报刊媒体渴望转载心理，实质是版权权利的自动让渡。面对门户网络转载侵权现象严重、报纸自身利益受损，不少知名的报纸不但很少依据《著作权法》维权，有的报刊媒体甚至找到门户网站的门上，要求无偿合作。无偿合作可以暂时为这些媒体提升知名度，但经济回报的让渡也让这些原创高质量新闻的能力受限。这个"双刃剑"的利弊，报刊媒体应予以权衡才是。

2. 网络剽窃和稿酬的版权问题

网络时代，电子复制技术在给人们的工作学习带来极大便利的同时，也给不法者进行剽窃提供了条件，使得盗版和剽窃行为变得"越来越容易，都是新科技发明的结果。1989年，保护知识产权，也就是新财富创造体系的基础，在国际间引发了政治摩擦"。[注5] 在这方面，小布什的自传《决策点》因整段抄袭报刊文章，2011年11月，曾身陷抄袭门。美国《赫芬顿邮报》指出，小布什的《决策点》有些段落几乎逐字照搬自《纽约书评》文章"阿富汗之乱"。[注6] 在我国，网络媒体转载时改头换面原发媒体、作者名字，把转载变成了赤裸裸的剽窃。这种事情并不少见，只是很少变成社会性丑闻的。例如：

> @李海鹏：@香港文汇网《东莞14岁出道技师曝"头牌"1500》全文剽窃《人物》报道《东莞制造》，刻意制造仅一个信息点援引《人物》而全文属"文汇网讯"之错觉。本刊原文近十处"《人物》记者"字样悉被删除。敦请香港文汇网遵守法律，立刻删除侵权报道并公开致歉！请读者转发，每一百转发送一份全年订阅。感谢！

剽窃得不到法律的有效制裁，等于变相鼓励剽窃，这样最终会挫伤媒

注5：[美]阿尔文·托夫勒：《权力的转移》，吴迎春、傅凌译，北京：中信出版社，2006年版，第209页。

注6：金煜：《小布什自传陷"抄袭门"》，《新京报》，2010年11月17日[C12]。

体原创高质量新闻的积极性。

获得报酬权是指著作权人依法享有的因作品的使用或转让而获得报酬的权利。获得报酬权通常是从使用权、使用许可权或转让权中派生出来的财产权，是使用权、使用许可权或转让权必然包含的内容。与稿酬伦理相关的是支付稿酬的时间和是否支付。有的网络媒体使用他人作品拒不支付稿酬，有的网络媒体的稿酬过低，违反了著作权法规定的稿酬标准的最低限度。此外，有些支付稿酬的网络媒体拖延支付稿酬的时间。按照《著作权法实施条例》第三十二条的规定："用他人作品的，应当自使用该作品之日起2个月内向著作权人支付报酬"。若非网络媒体资金周转困难，有意拖延支付稿酬时间有悖于职业伦理。在这方面，报刊媒体转载网络媒体的作品时，对作者的精神权利和获酬权相对尊重。例如：

@刘海明8888：【表扬】昨天有编辑在qq留言，《黑龙江日报》第五版编辑在转载我的文章后寻找作者以支付稿酬。稿费虽然不多，但这家报纸遵守著作权法，主动寻找作者，还是令人感动。也谢谢责任编辑徐明辉女士。@黑龙江日报

在支付稿酬方面，一些境外网络媒体对中国作者也并不积极支付稿酬。以其知名度高可以提高作者知名度希望作者放弃获酬权，对作者索要稿酬的邮件也不予回复。对不遵守著作权法的网络媒体，作者除了拒绝投稿，媒体也应通过诉讼维护自身权益。这样，网络媒体违法的成本高了，网络剽窃和拒付稿酬的现象才可以得到遏制。

3. 在线阅读的付费问题

纵观多数国家的版权法，对新闻作品的版权保护基本属于弱保护。这样的规定，立法者的考虑不外乎以下几个方面的原因：新闻作品的原创性低，版权法保护新闻作品的版权可能影响公众对信息的接触，进而危及新闻自由。立法者的考虑有其道理，媒体版权的保护关系到自身的生存问题。特别是在互联网时代，转载变得如此容易，报刊媒体的版权权益受损严重。报刊媒体要获得长足的发展，必须有自己的应对之策。数年前，美国《纽约时报》开

始对一周前的报纸实行收费查阅,是报刊经济意识觉醒的写照,也是报刊维护自身版权经济权益的先驱者。在我国,《人民日报》也开始实行网络在线阅读收费制度。

从在线阅读收费的实践来看,《纽约时报》经历了几年的尝试后,收益开始显露出来;《人民日报》在线阅读的付费情况,并不理想。类似的情况,在英国也有体现。据英国国家统计局2013年8月的调查数据,55%的英国成人通过网络阅读或下载报纸上的新闻——这是五年来这一数据首次突破半数。在英国全国读者调查(NRS)2013年11月发布的月度平均数据中,一直占据英国最受欢迎报纸头名的《太阳报》,其网站访问量是纸质阅读量的20%左右;而以大篇幅图片报道吸引眼球的《每日邮报》,网络点击量则较多,是纸质的78%。付费阅读影响网站点击量。来自英国全民读者调查的数据表明,《泰晤士报》及其报系的网站月度点击量远远不如报纸发行量,这在很大程度上归结于阅读网络版文章仍需付费。在报网融合的过程中,如何在"免费"与"收费"之间找到一个平衡点,无疑将成为英国乃至全球报业需要面对的棘手问题。注7

注7:刘诗萌:《英国:读报传统深厚 网络付费阅读遇冷》,《光明日报》2014年2月22日,第10版。

网络在线阅读报刊作品实行有偿制度,符合《著作权法》的精神,也符合报刊媒体和作者的利益。从长远的观点看,也符合网民自身的利益。这是因为,免费的网络新闻固然不错,但报刊媒体毕竟不是慈善机构,它们需要靠新闻产品盈利维系自身的生存和发展,只有报刊媒体的新闻作品有利可图,其作品的数量和质量才可以提高,进而惠及整个社会。相反,免费的新闻对报刊媒体的生存构成威胁,受损的将是整个社会,而非报刊媒体自身。没有新闻充裕供应的时候,也是社会悲剧的序幕。

三、版权保护与从业者版权意识

版权的宗旨在于保护创新。创新的成果不受保护,创造者的精神权利和获益权利不能得到保障,创新的动力下降,最终将减缓人类社会的进步。网络技术的进步,加速了社会发展的步伐。网络在造福社会的同时,也给版权保护提出了挑战。就报刊业来说,既要跟得上网络时代信息传播

的变革进程,也不能忽视加强对网络时代的版权保护。特别是微博的兴起,报刊的作品、版式随时都可能被人截图到微博上传播。如何保护报刊版权,需要报刊业进行探索。在笔者看来,提高报刊从业者的版权意识,最为重要。

1. 版权意识与版权保护

关于权利的来源,至今众说纷纭。可以肯定的是,权利是人在意识到自身存在后逐渐形成的,是人的自我觉醒的产物。随着人对自身认识的深入,权利意识只会相应增加而不是相反。对于报刊业来说,也是如此。互联网刚出现时,从排斥到接纳到参与,经历了一个过程。互联网对报刊业的影响,报刊业也只能在实践中认识到其利与弊。当报刊媒体看到自己的作品成为网络免费的午餐,而网络媒体因此变得强大之后,终于意识到不能继续容忍这种状况的持续。越来越多的报刊媒体的版权意识显现出来,发表版权声明:

【新京报网及官方微博即时快讯版权声明】新京报网(www.bjnews.com.cn)及官方微博(http://weibo.com/xjb)上发布的即时快讯,是《新京报》记者采写的《新京报》社拥有完全自主版权的内容,受《中华人民共和国著作权法》保护,未经许可授权,不得擅自抓取、复制、转载、展示、传播。特此声明。《新京报》社2013年8月

意识到一种权利的存在,认识到这种权利对自身的重要性,维权意识产生了,才能影响权利主体的行为。媒体在微博上发布版权声明的事例在增多。也许这样的声明无法改变版权保护不力的现状,但舆论声势的营造,可以给那些不尊重他人版权者以警示,进而逐渐树立尊重版权的社会氛围,其意义深远。

2. 版权诉讼与版权保护

现代社会,诉讼成为调解社会矛盾的重要手段。法律专门为诉讼而服务,没有诉讼或者诉讼案件过少,是法律资源浪费的表现。网络媒体的迅猛发展,赢利模式的成熟,开始让报刊媒体感受到了压力。报纸版权的诉

讼意识也在萌芽。以北京地区的媒体为例,《新京报》和《北京青年报》主动向网络媒体提起版权方面的诉讼。其中,《新京报》的两起诉讼最为典型。2006年10月16日,《新京报》状告TOM网站在未获得授权的情况下转载其25000余篇稿件和图片,要求赔偿372万元并公开赔礼道歉。[注8]

2010年《新京报》继起诉浙江在线网站在未获得新京报社任何授权的情况下,转载其作品7706篇,要求浙江在线支付稿酬及其他损失200万元之后,再度提起诉讼该网站非法转载其38件作品。

诉讼意识是维护权益的必要条件。考察现有的与报刊媒体相关的著作权法纠纷诉讼案,有三个现象值得注意:其一,诉讼主体主要由社外作者构成;其二,报纸(社)是著作权的侵权主体;其三,撤诉、庭外调解的比例居高不下。前两个现象表明:一方面在报纸和作者之间,报纸在尊重(社外)作者版权权益方面还有较大提升的空间;另一方面也反映出报纸在版权方面的诉讼意识相对薄弱。报刊媒体对著作者的版权权利尊重不够,自身也没有意识到其他类型媒体对自己版权的侵害。更为重要的是,报刊媒体在成为被告时,通常采取庭外活动的办法,促使起诉者撤诉,以维护报刊媒体的声誉。

综上所述,报刊媒体的版权问题,首先是意识问题。意识到版权保护的重要性,自觉尊重作者和他人的版权,再通过微博曝光和诉讼手段维护自己的版权,就顺理成章了。当然,版权监督和版权诉讼,应该相辅相成,才能取得较好的效果。

注8:成功、苏永通:《〈新京报〉诉TOM.COM案背后的传媒格局》,《南方周末》2006年12月22日[B16版]。

MEDIA & CULTURE 传媒与文化

何建为 《新艺术》的制图创新

艾国永 《新高尔夫》，一种媒体的新玩法

郭红梅 《新公益》，公益行动的推动者

作为一份艺术类刊物,我们在版式语言上处处体现"艺术"二字。

何建为。

《新艺术》的制图创新

何建为 | 新京报《新艺术》编辑

在《新艺术》创刊之初,我们就将这个月刊定位为打造主流平面媒体第一艺术品牌,并提出了"审美创造价值"的口号。从 2013 年 5 月创刊号开始,《新艺术》已出 14 期。纵观这 14 期报纸,在编辑角度来说,我们一直在寻求包括选题内容、制图设计等不同层面的"创新"。

"艺术"的方式做《新艺术》

作为一份艺术类刊物,我们也在版式语言上处处体现"艺术"二字。

在国内同类媒体中，无论是主流报纸推出的艺术刊物，还是艺术类专业刊物，我们当属"第一个吃螃蟹的人"。

例如，在《新艺术》创刊号的常设艺术月报版面上，我们借用荷兰画家蒙德里安著名的几何抽象风格，将过去一个月的艺术资讯参差排列。

在每期封底展览资讯的制图上，我们与当期的艺术现象版面或者艺术家版面相呼应。例如，2013年7月号《新艺术》的"艺术现象"，我们做的是关于"当代水墨"的专题。当期的封底，我们就选用了水墨元素（墨点、墨线），并借用了吴冠中水墨作品的风格绘制了一张北京地图。

在封面设计上，我们还尝试从艺术家本身作品中找到创作灵感。例如，11月号《新艺术》封面的"中国火"蔡国强。我们打破了惯用的艺术家人像摄影，而找美编用蔡国强"爆破"的风格绘制了一幅蔡国强人像的插画。

在常规版面的设计上，我们也是做到贴近艺术家作品风格。例如艺术图式版是一个展现艺术家作品的版面。在2013年12月号《新艺术》的艺术图式版上，我们做了一期日本前卫艺术家草间弥生。她的作品最大的风格就是波点。因此，在版式语言上，我们也选用了大大小小的波点来做装饰。

专题包装的突破

2013年，波普艺术大师安迪·沃霍尔与观念艺术大师约瑟夫·博伊斯展览同期在北京展出。《新艺术》10月刊用24个版面做了一期两位大师展览会师北京的专题。在专题包装上，实现了以下突破。

第一，使用双封面。封面是安迪·沃霍尔，封底是约瑟夫·博伊斯，两位大师相互呼应。主图选取，以两人头像为主，体现两人的艺术创作特点：沃霍尔的波普风格，博伊斯有名的羊毛毡帽。标题选取上，直接用两人的名句：沃霍尔的"人人都可成名十五分钟"，博伊斯的"人人都是艺术家"。标题颜色选取上，直接用"三色"来呈现，暗指他们所来自的国家：沃霍尔的白、蓝、红，代表美国国旗的三色；博伊斯的黑、红、黄，代表德国国旗的三色。

第二，对开版面实现"相遇"。沃霍尔和博伊斯处于同时代的艺术大师，而两人又代表了两种不同的艺术走向，对后世艺术家产生了巨大影响。我

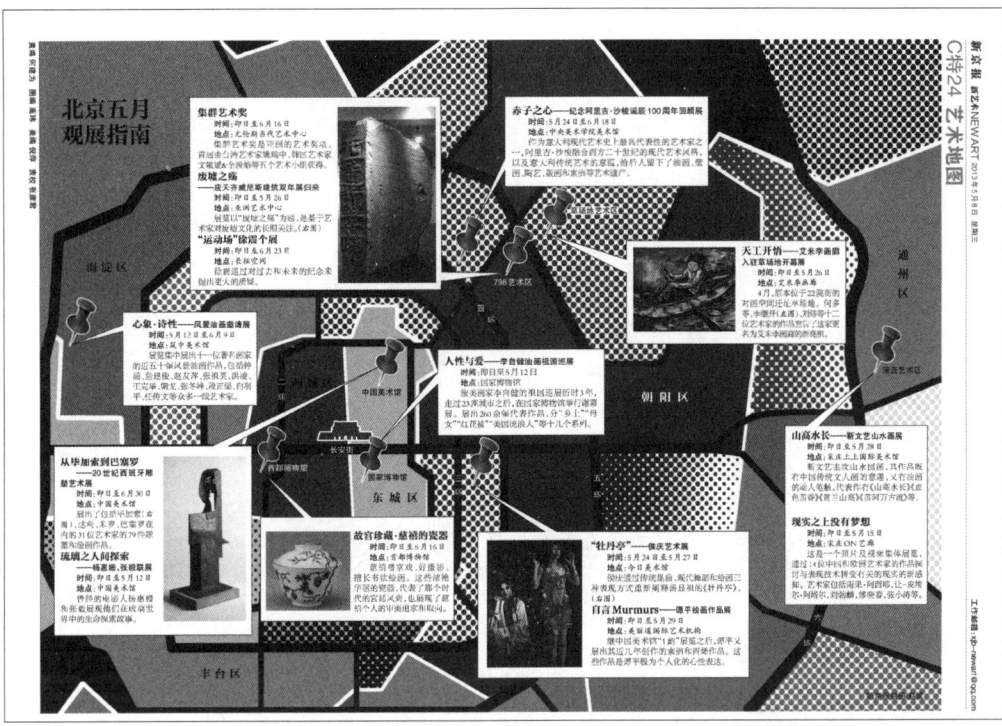

北京五月观展指南。

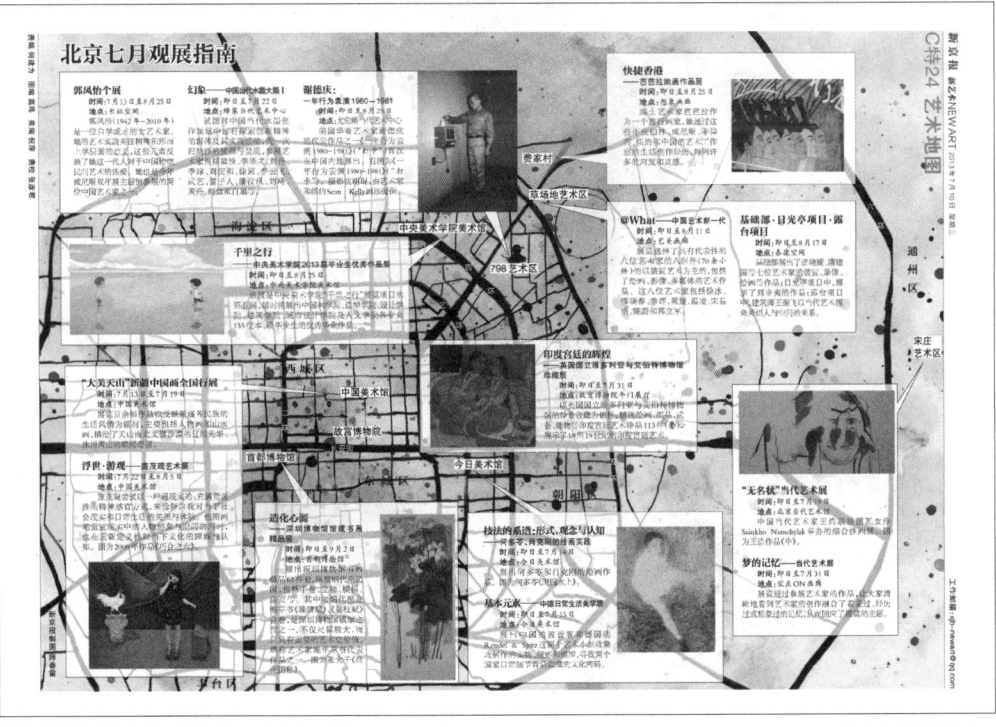

北京七月观展指南。

2013年11月01封面·蔡国强。

2013年12月号艺术图式版・草间弥生。

2013年10月号C01 封面・沃霍尔。　　　　　2013年10月号C24 封底・博伊斯。

们做这个专题的目的，不仅是让读者更了解这两位大师，更是对这两位大师做一个对比。因此，24个版面，沃霍尔和博伊斯各占11个，中间的对开版面C特12和C特13，就是两位大师人生的交叉点和艺术创作的对比。用两条不同颜色的线条，代表两人的人生轨迹，两人有相交的年份用第三种颜色表示。这样的版面处理，后来还被娱乐新闻做史泰龙和施瓦辛格两人的对比借用。

第三，打破阅读习惯。读者对于报纸、杂志的阅读往往是从封面读到封底。在做这期专题的时候，我们在版面设置上，有意做成两两相对的呈现。读者既可以从封面开始阅读，读到封底；也可以从封底开始阅读，读到封面。读者如果单独抽出每页报纸，会发现两位大师相同版面会出现在同一个平面。例如，同一平面的C特04版和C特21版，前者是沃霍尔的符号元素，后者是博伊斯的符号元素；这样的版式安排上，给读者一个对这两位大师更直观的对照读本。

2013年10月号C12-13 沃霍尔VS博伊斯。

2013年10月号C21 符号·博伊斯。　　　　　2013年10月号C04 符号·沃霍尔。

制图的不拘一格

《新艺术》非常重视制图的应用。无论是专题操作还是常规版面，我们都在摸索如何在制图上区别于其他内容的报道。

《新艺术》创刊号的艺术现象做的是关于2013年北京春拍的总体概况，我们选取了八大拍卖行，借用了唐代张萱绘画作品《虢国夫人游春图》：画中刚好有八个人物，我们做的又是春拍。

相隔半年的11月号《新艺术》的艺术现象，我们做2013年北京秋拍的展望时，同样用了制图的方式来表现九家拍卖行的概况。借用了曾梵志《最后的晚餐》的图片，暗示了各大拍卖行年底"分账"。

制图用得更多的版面是"艺术指数"版，这是紧跟艺术品拍卖市场动态的一个版面。为了避免千篇一律的制图效果，每期的"艺术指数"版面总要找到一些打破常规的法子。

2013年7月号艺术现象·内地拍卖游春图。

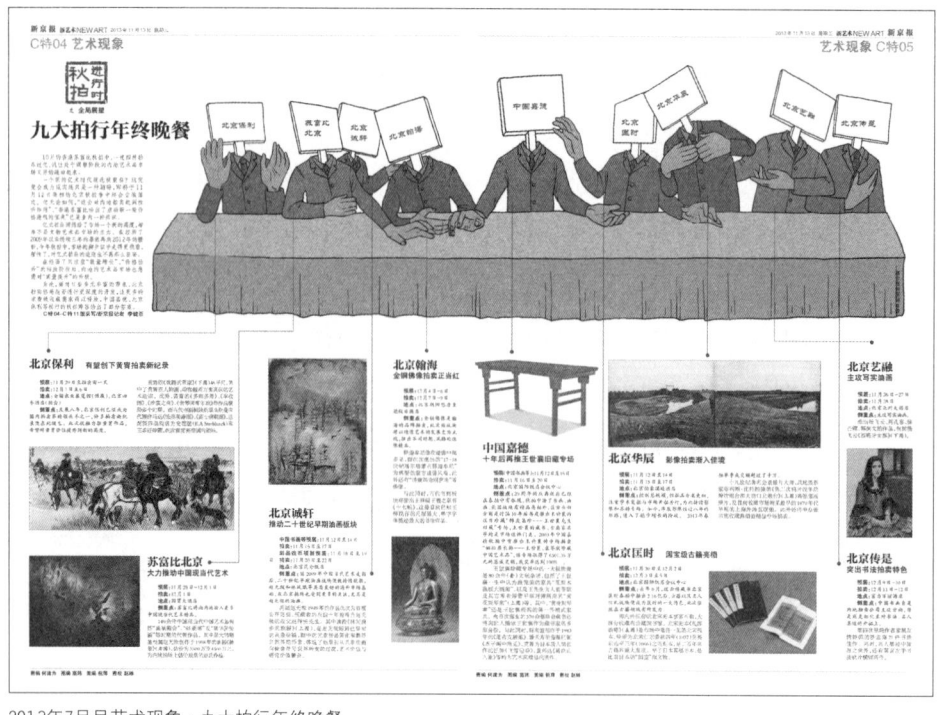

2013年7月号艺术现象·九大拍行年终晚餐。

例如，2013年7月号《新艺术》的"艺术指数"，我们做的是2013年北京春拍的一个总体回顾。2012年开始，艺术品拍卖市场进入了一个调整期，整年成交总额与2011年相比呈现腰斩态势。而2013年春拍并未马上进入回暖，连一件亿元拍品都没有诞生，有种亿元时代"渐行渐远"的感觉。在处理2013年春拍中古代书画、近现代书画、油画以及古董排行榜单时，就做成了一个扇形，从一个圆的中心往外扩散。又如11月号《新艺术》的"艺术指数"，做的是曾梵志的拍卖行业分析。2013年10月5日，曾梵志作品《最后的晚餐》在香港苏富比拍卖以1.8亿港元成交，这不仅令这件作品成为了最贵的亚洲当代艺术品，更令曾梵志代表中国当代艺术家进入了亿元俱乐部。为了表现曾梵志的亚洲新"贵"身份，找了美编画了一幅曾梵志的插画，把曾梵志作品拍卖价格排列前四位的数字放到了他的身上。背景是他作品历来的一些拍卖价格。

在短短的半年多时间里，《新艺术》编辑与美编一起不断尝试新的突破，拉开了与同类媒体的区别，凸显了自己的特色。

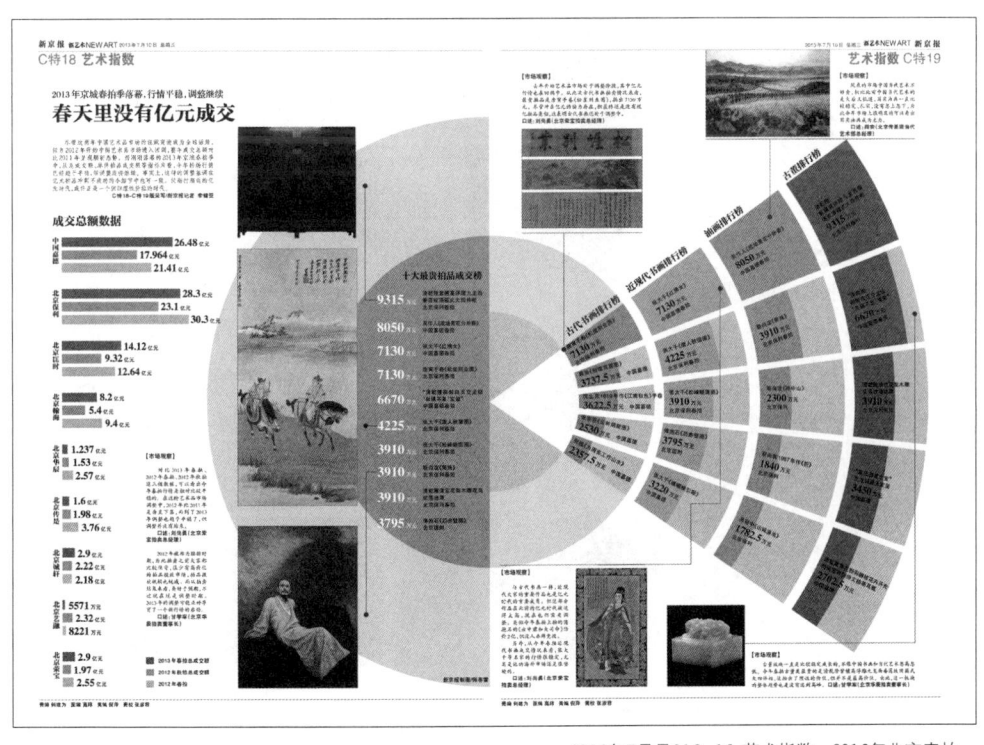

2013年7月号C18-19 艺术指数·2013年北京春拍。

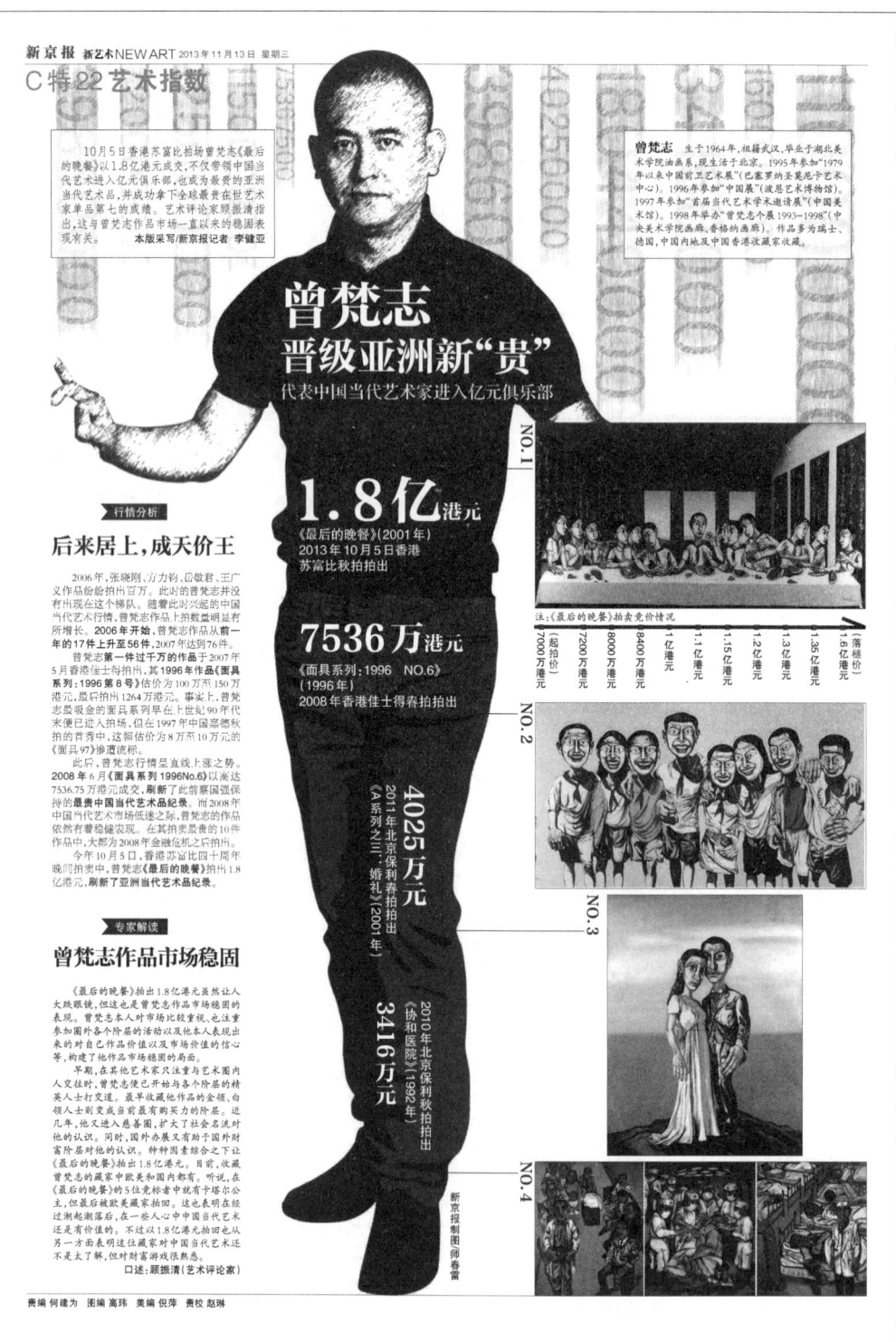

高尔夫运动离不开球友、球具、球场、球技、球规这五要素,办一家高尔夫全媒体平台需要的条件,可与上述五要素一一对应,分别是媒体人才、采编工具、平台组合、呈现技巧、团队守则。

艾国永。

《新高尔夫》,一种媒体的新玩法

艾国永 | 新京报《新高尔夫》主编

美国《高尔夫大师》用了60年的办刊经验,验证了一个朴素的道理:高尔夫刊物的正面战场是"拿什么打球""在哪儿打球""怎么样打球",简而言之,分别是球具、球场、球技。我觉得还有至关重要的两项:球规和球友。没有规则,人们无所适从,无法评判优劣、胜负;而关于球的一切,都是为人服务的,没有球友的高尔夫运动,一定是不完整的。

万事万物形不同而理相近。《新京报》为何会进军高尔夫,宏观层面诸如高尔夫市场的前景无需赘述,因为杀入这个领域的行动本身已是最好的说明；高尔夫运动离不开球友、球具、球场、球技、球规这五要素，办一家高尔夫全媒体平台需要的条件，可与上述五要素一一对应，分别是媒体人才、采编工具、平台组合、呈现技巧、团队守则。

媒体人才，总在某个地方等你

2013年12月12日，第一期《新高尔夫》月刊面市，32版，全彩印刷，随《新京报》发行。创刊号的主创团队为《新京报》体育新闻部采编。然而，在具备飞翔能力之后，高尔夫团队则需要吸纳高尔夫媒体精英，快速打通圈内采编资源，增加我们的专业性。

事实也是如此。

时光流转到2014年2月底，"新高尔夫"的人才工程已经奏效，随着多位高尔夫媒体人的加盟，团队框架已然成型。

是什么促使这些人才下定决心加盟《新京报》的高尔夫事业呢？

其一，《新京报》的影响力。最近有一份统计很能说明问题，人民网研究院发布的《2013中国报刊移动传播指数报告》揭晓的报刊移动传播百强中，《新京报》名列总榜第二，在所有都市报中名列第一。对于很多媒体人来说，加入《新京报》，是一份荣耀，是职业生涯的亮丽新起点。

其二，高尔夫项目的蓝图。办一家高尔夫杂志，如果仅仅这么简单，那么《新京报》就不必进入高尔夫领域了。形势比人强，只进入高尔夫杂志必然是抱残守缺、故步自封的。我们会成为一家高尔夫媒体平台，杂志、网站、微博、微信、App，各有锋芒又交相辉映。媒体之外，培训、赛事，都会洒下我们的汗水。

蓝图已经构思完毕，只等待能够落笔的人，我相信，这对有事业心的人来说是个水蜜桃般的诱惑，难以抵挡，难以拒绝。而这，应该可以算作吸引人才的第三点，《新京报》是个干事业的上佳平台，是个人施展才华的绝好舞台。

人才，是所有事业的核心，人才，总在某个地方等着你。我的使命是找到他们，然后与他们一起，完成报社交付的事业，交出一份漂亮的答卷。

《新京报》"高尔夫"版。

《新高尔夫》杂志的定位必定是:"高大上"。

采编工具，让它们全部开火

最近思考得比较多的就是，把一件件事，转化为营销学上的"产品"来理解。"产品"这个概念，是传统媒体人在移动互联时代的艰苦转型中，提及很多的一个词。这意味着，我们对新闻产品、对广告产品的思考，更为深入、全面、缜密，避免了一叶障目、不见泰山的情况。新闻产品的概念，使得我们既要注重新闻的生产，也要注重新闻的传播，我们不再是卖方市场，而要主动靠拢读者的需求，以需定产。

传统媒体人还在做另外一件事，同样具有颠覆性，只是被总结得还不多，从前是"铁肩担道义，妙笔著文章"，新闻人的"一支笔"是自豪的基础，也是他人或敬慕、或畏惧、或欣赏的基础。而现在，生产新闻的"武器"已经发生变化，从前的笔，已经进化为电脑、录音笔、摄像机、二维码。

工欲善其事，必先利其器。不同的新闻生产工具，能够生产出不同形态的新闻产品，新闻产品本身没有优劣之分，只有谁更适应当下高尔夫读者群之分。在我看来，现阶段，高尔夫读者群是分化的，没有出现某种媒体形态"大一统"的局面，几种新闻生产工具可同时并存，生产的新闻产品也可以并存于同一媒介。

平台组合，拥抱新媒体时代

你想好怎么做高尔夫媒体这件事了吗？

我常常问自己这个问题。圈内已经有很多不错的高尔夫杂志，如《高尔夫大师》《高尔夫》《高尔夫周刊》等，网站则有新浪高尔夫频道、搜狐高尔夫频道，广告的体量都在 3000 万元。是杀得你死我活，还是做增量？是重复前人的道路，还是别开生面？移动互联是我们新时代媒体人特殊的背景色，决定着我们高尔夫媒体产品绝不能自我限定，开放、放开、拥抱变革是唯一正确的选择，高尔夫媒体平台因而绝不会是单一的，必定会是一个大而全的组合。目前我们能想到和做到的媒体组合是：

《新高尔夫》杂志的定位必定是："高大上"。纸张、内容、设计无不"高大上",并锁定"高大上"的目标人群。

《新京报》"高尔夫"版:利用好《新京报》日常体育新闻版,主做国内外的高尔夫大赛和社会性的高尔夫话题。随主报在全北京发行是莫大的优势,可以影响到政商界人士、知识分子、高级白领等高端人群,推动高尔夫运动的大众化,通过舆论监督,净化中国高尔夫的局部不良生态。

高尔夫频道:将与一家网站合作,共同打造高尔夫频道。目前在高尔夫网站方面,竞争不是太激烈了,而是太不激烈了,我们要促进竞争,只有充分的竞争才能更好地宣传、推广高尔夫这项运动,从而将高尔夫市场撑大,让高尔夫市场增容,如此,大家都将受益,高尔夫产业的明天才会更值得看好。《新京报》高尔夫频道,将会是《新京报》高尔夫未来全面转型的灯塔,借助这个靠近前沿媒体形态的灯塔,瞭望媒体形态的演化,随时就近转型,投身于新兴媒体事业。

新高尔夫APP:是《新京报》高尔夫事业部的一款新媒体产品,主导权在《新京报》。未来,是移动端的天下,这样的共识已不新鲜,曾经血液沸腾的门户网站渐渐老去,退化为与报纸为伍,被统称为"传统媒体"的地步,取而代之者,正是移动端。《新京报》高尔夫APP与高尔夫频道将陆续上线,互相参考,互为补充。

新高尔夫微信:目前,我所见的移动端品质较为出色的媒体产品的呈现形式,基本上可以分为三类:第一类是线性制图类,第二类是视频类,第三类是线性图配文、以图为主类。上述三种呈现形式,适合目前的移动端尤其是手机端屏幕较小的状况,阅读体验最佳。我们的新高尔夫微信,需要这三类产品。

新高尔夫微博:媒体组合标配,将与《新京报》、《新京报体育》联动,追求及时性、娱乐性、话题性、互动性。

综上所述,我们不是在单一平台上战斗,我们是在建设六个高尔夫媒体平台。六个平台之间,相互推广,相互促进,共建共荣,可以打出一套目前高尔夫媒体圈所没有的"霸王组合拳"。

呈现技巧，以不同求得认同

关于内容，不准备做过多的阐述，各种媒体形态，在内容的侧重点、表达方式上都会有所不同。有几点共同之处，可以提前简述一下。

其一，视觉的盛宴。视觉设计，是最重要的读者体验之一，读者体验在我们这个时代，从未上升到如此高的高度，我们能做就是唯美是从。我们力图做圈内最美的高尔夫媒体平台组合。

其二，内容的独到。君子和而不同，媒体也是和而不同，面对同一片高尔夫土地，媒体之间可进行差异化耕耘。球场、球具、球技，这样的主打内容，我们要做到与众不同，具有自己的特色；我们的文章，也要贴近中国高尔夫圈人士，再现他们的生存状态，并净化圈层中存在的不良现象，起到媒体应有的舆论监督之义。

其三，圈层的融入。高尔夫官方、球友、从业者、赞助商、媒体人，我们视自己为这个大家庭的一员。我们所做的努力，一为自身的生存、发展、壮大，二为做大高尔夫产业这块蛋糕，其实也是为了自身更好地生存、发展和壮大。我们在利己的同时，也在利他，我们的命运与中国高尔夫运动的命运融为一体，荣辱与共，这就是市场在资源配置中居于主体地位之后结出的良性循环之果。

团队规则，只为打造常胜军

在引入人才之后，则需要有一套用好人才的制度。新京报高尔夫事业部是一个新成立的部门，是一个创业部门，遵守报社的一切规章、制度是先决条件，除此之外，还应该具备这样的特质：有激情、擅协作、讲纪律。没有激情的团队，就会一潭死水，暮气沉沉。关键在于认同事业的理念、价值，可以憧憬到美好的未来，并愿意为美好的未来付诸行动，努力扫除到达目标之巅的所有路障。主动而不是被动，积极而不是消极，勇往直前而不是止步不前。

在当今社会，仅靠单打独斗，很难获得成功，每一个成功案例的背后，都是综合性因素在起作用，都是一群人齐心协力、努力追求的结果。我们的团队也是如此，无协作，不成事。

而没有纪律的队伍，同样不会打胜仗，我们希望未来我们的采编质量、经营业绩，都要在高尔夫媒体圈内，实现新京报社所倡导的"第一工程"。

《新高尔夫》不仅因为是新京报创办，继承了其品质，还因为她新鲜、新潮、新锐，将会是高尔夫媒体中举足轻重的一员。

现在的时代是一个新公益时代,这个新公益时代是公民大众零距离践行公益的时代。

郭红梅。

《新公益》,公益行动的推动者

郭红梅 | 新京报《新公益》编辑

2014年4月,《新公益》出世,新京报"新"字号月刊家族再添新丁,与之前的《新艺术》《新高尔夫》共承一脉,秉承新京报创新之精神。

如今,仍值创刊初期,将用心用力之处归纳梳理,希望《新公益》能持续为公益领域传递一股清新的气息。

推　动

与前几年，媒体纷纷推出公益慈善类的周刊、专版不同，2014年，一些传统媒体的公益栏目或版块露出压缩苗头，《晶报》《云南信息报》取消专刊，《南方都市报》则压缩周刊版面，公益采编归到其他部门。

而《新京报》则逆势而为。2014年初，《新京报》推出24个版的2013年度公益报告"行动改变中国"特刊，2014年3月起，又组建公益采编团队，4月，则推出一份16个版的月刊——《新公益》。

其中缘由，既有各方期待，也有新京报媒体人的多年夙愿和对这个时代公益特征的观察。

在年初制作特刊的过程中，我们梳理出2013年出现的公益政策、热点事件、公益人物，以及企业责任方面的内容，期间发现中国在公益方面的发展，仍处于上升态势，而且更趋理性，参与面更广，既有退休领导人、第一夫人、明星名人，也有各种新生代，大家参与公益的心愿和热情极其高涨，甚至成为很多人的生活方式，与此同时，在公益慈善的政策法规、方式方法以及公众心态方面还有很大的完善空间。也许，这正是媒体的发力处。

2014年3月，《新公益》月刊箭在弦上。犹如一块空白的画布，画什么，如何构图，表什么情，达什么意，一切都要重新开始。

月刊与日报有着很大的区别。以往，虽然《新京报》也做过公益新闻版，但基本都是基于对热点新政的呈现。追逐新闻惯了，突然面对一份月刊，会感到似乎有大把的时间可以深耕细作，可接下来的实际操作，使我们不得不面对一次次的自我挑战。

一个新闻发生了，谁还会等几周之后去看一份月刊怎么说？时效性的挑战是月刊首先要面对的自我诘问。

基于对公益报道现状的分析，我们发现，目前大众媒体对公益方面的报道，多是关乎公益人圈子、公益机构、公益热点的争议，甚至是对捐赠者捐赠动机的怀疑。但公益的天地十分广大，广大到可以打通每个人的内心，凝聚起强大的正能量。每个人只要他有公益心，只要他愿意参与公益行为，他就该是新公益的需求方。

做公益行动的推动者,就成为新公益的立身之本。

为此,我们为不同程度的需求者,打造了相应的板块和栏目。对于初级入门者,《新公益》有"益学堂"开班授课;对于公益梦想家,《新公益》有"助梦空间"邀约助力者;对于公益大咖,有"月度观察"等你分享智慧;

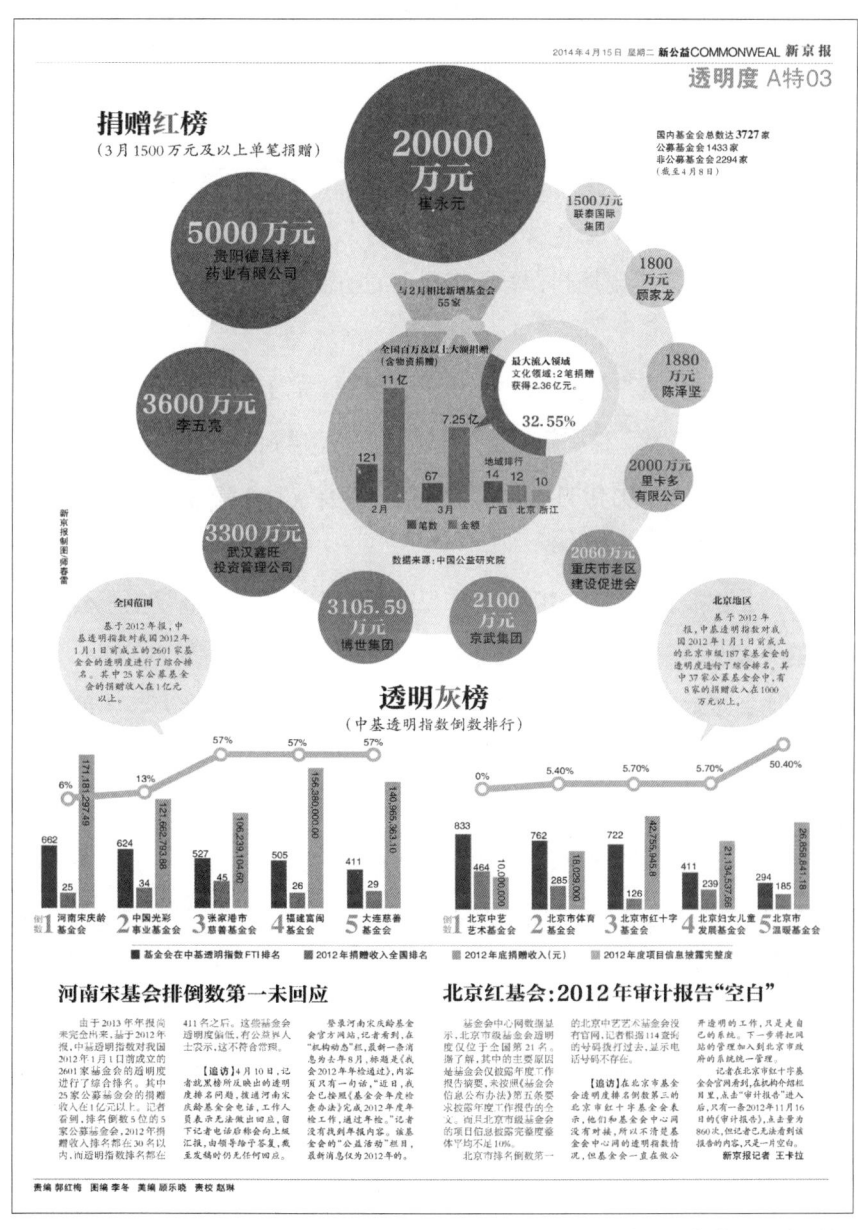

《新公益》的"透明度"版。

对于明星名人，有"访谈"，等你讲述公益故事与理念；对于变革者，有"社会创新"的惊鸿一瞥；对于企业，则有"企业公民"的公益实践；对于困难群体，则有"许愿计划"，等等。

此外，为了推动透明公益，我们推出"透明度"版面，围绕捐赠金额、透明度的数据做文章，让数据新闻更"好看"。

为了推动慈善立法，我们与专家学者公益机构合作，推出"慈善立法大家谈"系列报道，呈现一场慈善界立法讨论的盛宴。

有 爱

在一份日报里推出月刊，就要在现有的公益新闻操作思路下寻找新的视野。

新公益负责人胡杰在发刊词中提及《新公益》的定名时说道："现在的时代是一个新公益时代，这个新公益时代是公民大众零距离践行公益的时代。"

源于对人人公益时代的感悟，《新公益》所要做的就该是普通人能看懂，可以践行的公益报道。

对于公益报道来说，实用性并非仅限于技术性考虑，而是出于公益要传递的终极理念——无自他分别的爱心。

正如很多救灾行动中，一些志愿者和公益组织，他们在对受灾群体提供帮助的同时，也会表示感恩，正是因为受灾群体，让他们学会了解，学会尊重，学会真正的爱与需要。

从见报效果来看，有爱而有用的报道更易受到公众欢迎，如《疯狂的酵素》《旧衣零抛弃》和《100元如何做公益项目？》，就是在见报后，在微信中被广泛转发。

4月13日，《新公益》第一期面世。当天一早，微信里的环保酵素群里炸开了锅，群友们好不热闹。原来一位群友转发了《新公益》"公民行动"栏目下的《疯狂的酵素》一文，群友们商量着要去报摊买报纸，到社区里推广。这完全是群友的自发行为，消息传播的速度甚至超过新公益的官方微信。而一些公益圈人士对此也表达了同样的喜欢。

《新公益》刊登《疯狂的酵素》一文。

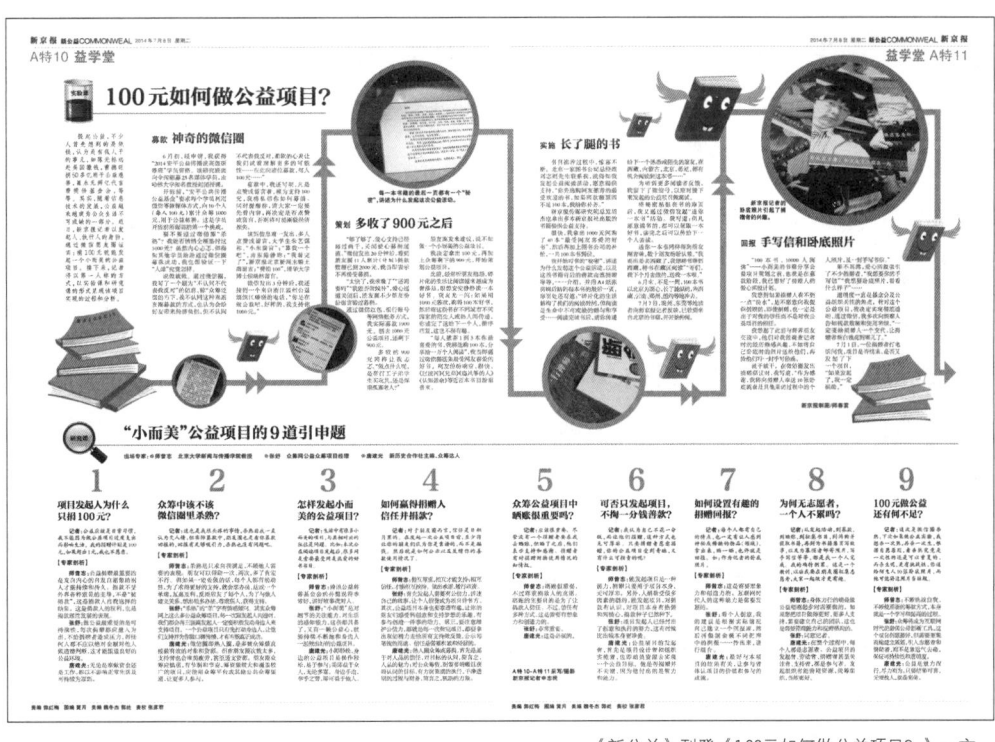

《新公益》刊登《100元如何做公益项目?》一文。

是什么让他们喜欢？这是值得我们思考的。

《疯狂的酵素》的线索最初来自于QQ、微信中的转发，当我们加入这些群后，发现环保酵素在民间已受到热捧，很多人在自家或者菜市场收集蔬果皮，然后把它们变成一罐罐一瓶瓶的酵素，或自用或送人。如果对食用酵素有疑问，我们可以不碰，但环保酵素则具有明显的公益属性，于是在不断的追问与跟进之后，就有了文章的见报。见报时，版面同时呈现了制作流程。

在实际操作中，我们发现公益的视角深入生活的方方面面。正如6月号里的《旧衣零抛弃》，它更像是一个生活理念，在物质丰富鼓励消费的时代，一些勤俭节约、物尽其用的传统，正在远离我们的生活。但同时也有很多人在为旧衣寻找"未来"。因此，在报道中，我们一方面呈现出谁在需求旧衣；另一方面，围绕捐衣的细节作出"捐衣指引"，使捐衣也体现出尊重与爱心。同时，提供一批捐衣地点和方式，让捐衣变得更方便。

7月，《100元如何做公益项目？》以实践课和研究课的形式，在"益学堂"中呈现，很快就被一些门户网站和公益圈转发出来。

无论从问题提出的通俗性，还是益学堂的表现形式，这个报道都会让入门级的"选手"能看明白怎么进入公益的跑道，它的启发性在于它的参与过程真实可感，切实可用，而其中透露出的创新、传递爱的热情，是报道感人之处。

有"益"思

在目前出版的五期《新公益》里，《访谈》已成为招牌栏目，且每期的访谈对象，都会上封面，其中包括崔永元、韩红、杨澜和姚晨、陈坤，每个都是响当当的公众人物。

明星名人，他们璀璨的吸引力，仿佛天生就具有公众关注度。但与"狗仔"的猎奇不同，我们所关注的是他们对公益的投入与思考。

不过，对这样人物的约访，记者往往费尽周折，有时甚至在出刊前的两天。记得在第一期采访崔永元时，就第一次感受到了这种"命悬一线"。

其时，崔永元刚刚因为拿出2亿元广告代言费登上"头条"，也因为转

崔永元在《新公益》第一期讲述自己一段不为人知的公益经历。

走进战争难民营的新公益人姚晨。

《新公益》，公益行动的推动者 | 传媒与文化

基因之事，处于风口浪尖，要处理的事情较多，在被婉拒多次之后，对方终于被记者的坚持打动。

访谈中，崔永元大倒"苦水"，他做公益的经历、压力、心路历程也随之披露。崔永元在访谈中说，必须改变国人的这种观念，这才是慈善发展的动力，才能让更多的人将公益慈善当成自己的生活方式，而不是道德背负和压力。正是有了这次深入的访谈，一些传言不攻自破，也让圈外人对

《新公益》刊登《姚晨：难民营归来，梦见战争被痛醒》一文。

145

对公信力执著的新公益人韩红。

《新公益》推出"当一天小志愿者"活动。

明星公益有了更多的理解。

"访谈"也由此找到清晰的定位：讲述公益故事，擦亮思想的火花，架设沟通的桥梁，让慈善理念薪火相传。访谈的表现形式，更利于思想的完整表达，其个性化的语言色彩，使读者更能身临其境，为之动容。

在接下来的访谈中，韩红让我们了解到她也会有筹款的苦衷，了解到她对公信力的执著；姚晨则让我们跟着她一起走进难民营，体会战争的残酷。

行　动

为了增强互动性，为公众参与公益行动和服务提供机会和渠道，《新公益》还推出了"许愿计划"栏目和"当一天小志愿者"活动。

其中，"当一天小志愿者"活动是针对孩子暑期假期长的特点，专门量身打造的公益活动，通过公开招募，组织亲子家庭陆续走进不同的康复中心、关爱机构和福利组织，学习成为专业的志愿者。一方面推动更多的青少年参与公益慈善，参与志愿服务，传播志愿精神；另一方面，使这些机构的受助群体与志愿者家庭增加沟通了解和互相融合。

如今，这个活动已得到企业的支持，在媒体、企业、受助方与施助方找到了较好的接合点。

一路走来，五期的《新公益》在不断积累经验，在公益传播方面不断尝试创新。无论它的未来如何，希望它都能不忘初心，珍惜当下，在媒体变革的时代传递美好与爱心。

ADVERTISING & MARKETING 营销与广告

王海涛　杨万国　以新锐视角聚拢新锐学人

王海涛。

杨万国。

用《新京报》的新锐平台，给更多年轻一代经济学人发声的平台，展现自己学识、思考和智慧的舞台。

以新锐视角聚拢新锐学人
——"新京报·中国青年经济学人"的传媒担当

王海涛｜新京报经济新闻部主编
杨万国｜新京报经济新闻部副主编

2013年8月，中欧陆家嘴国际金融研究院执行副院长刘胜军出版了他的新书，《下一个十年——一个青年经济学者的改革梦》，这本由茅于轼、张维迎、陈志武等人联袂推荐的著作扉页上，刘胜军给自己填上了一个新的身份，《新京报》"2013中国青年经济学人"。

在各种场合，刘胜军反复表达他对公民、学人、经济学家身份协同的理解。在他看来，每个公民都不应该成为改革的旁观者，这不仅因为一旦社会出现大的问题，任何人都不可能独善其身，而且因为一个个微小的力量联合起来就会形成足以推动历史车轮的合力。在这样的历史关口，经济学家应该以强烈的时代责任感，做改革的推动者。而青年经济学家尤其应该站立潮头，勇于发声，为改革鼓与呼。

在自序的最后，刘胜军写道：

"如果说，政治家的抉择是多种因素博弈结果的话，那么社会精英尤其是经济学家的参与就是重要的影响因素。每一个经济学家都不应妄自菲薄，让我们记住凯恩斯在1936年写下的这句话：'那些认为自己完全不受任何知识影响的实干家，通常是某位已故的经济学家的奴隶。'"

1974年出生的刘胜军，在他新书序言里对经济学者的责任——和他作为一个青年经济学人对影响改革的自信——阐述得淋漓尽致。

而这，正是《新京报》启动"中国青年经济学人"报道计划的初衷。

2012年8月，新京报社和刘胜军，还有薛兆丰、陶然、何帆等29位国内一流的青年经济学家们"一拍即合"，同时得到著名经济学家宋晓梧、夏斌、华生、卢锋等人全力支持，正式启动该项报道计划。

首批"中国青年经济学人"报道计划历时一年，新京报经济新闻部对全国数十所高等院校，中国社科院等研究院所，还有高盛、光大等机构内数百位经济学者进行了调研，同时邀请了一批资深经济学家推荐、遴选，最终选择了29位优秀的青年经济学家，对他们进行了专题报道。

2013年7月，"2013新京报·中国青年经济学人论坛"成功落地，既为首批中国青年经济学人报道计划总结收官，也为老一批经济学人和新一代经济学人搭建面对面的交流平台，让他们传承担当，激荡思想。

以理念凝聚项目 《新京报》，新学人，新传承

2012年，十八大即将召开，新一届中共领导集体即将登上历史舞台。中国已然开启的改革列车轰轰烈烈地行驶了34年之久，下一步，驶向何方？

中国特色的政治周期，十年一个起承转合，互相衔接而各有特色和侧重，改革亦各有阶段核心任务，下一个十年改革要做什么？会做什么？应该做什么？

世界在瞩目。国人也在热切的关注，猜测。各领域精英或以庙堂之高建言献策，或以江湖之远旁敲侧击。

而一贯以经世济邦为使命的中国经济学家群体，更是这个社会中影响改革、为改革开放提供智慧的重要力量。

此刻，《新京报》创刊将满十年。十年里，《新京报》一路崛起，成长为中国最具影响力的新型城市日报，成为中国政经报道的一支新锐力量。

新十年改革的关口，作为媒体的《新京报》做什么？是常规地跟进动态，传播声音、观点，还是大手笔、有计划地形成项目、做成品牌、形成公众热点？

年初的工作会议上，新京报社社长戴自更提出，应该重点关注中国的经济学家群体，特别是新一代的青年经济学家。让影响改革的舞台不仅属于成名成腕的老一代少数几位经济学家，而是用《新京报》的新锐平台，给更多年轻一代经济学人发声的平台，展现自己学识、思考和智慧的舞台。

此背景下，新京报决定启动"中国青年经济学人"报道计划。由新京报经济新闻部牵头、报社市场部、策划部等多方参与，集全报社力量，做成有影响力、有品牌、有持久性的大型公益报道项目。

事实上，这个以新锐和传承为关键词的大型公益报道项目，自有历史的注脚。

时间拉回到28年前，1984年，北京向南1272公里，坐落于浙江省德清县境内的莫干山，曾经就是见证一代青年经济学人影响改革，崛起于时

代的舞台。

28年前的金秋，当时也是由8家新闻媒体召集，从全国1300多名青年经济科学工作者中遴选出来的150名佼佼者会聚莫干山，就中国当时"经济体制改革中的重大理论问题和现实问题"展开讨论。

"莫干山会议"在中国改革开放早期首次集结了当时国家最优秀的一批青年经济学者。

当时，"农村改革已经大有起色，城市改革尚举步维艰。保守势力很强大，思想意识形态依然比较紧张。"

这批三十岁左右的青年经济学人在改革的关键时刻，第一次登上时代前台，他们以智慧，学识和担当向时代发声。

他们对中国改革开放从农村向城市的关键推进提供了诸多卓有价值的思路，并引起了决策层重视。此后，许多当时形成的建议被呈报最高层，一些优秀的青年经济学者还获得了和最高决策层面谈的机会。很多改革建议在此后相当程度上影响了中国的改革进程。

莫干山会议得到了当时老一辈经济学家薛暮桥等人的热情支持。

新京报总编辑王跃春表示，《新京报》设立的这项中国首个聚焦青年经济学人群体的学术性公益平台，就是从当年的莫干山会议中汲取灵感，希望通过媒体的平台作用，一方面为青年经济学者搭建学术交流、传递改革思想的平台，为社会发掘更多优秀的青年经济学者；另一方面也是希望通过为新老两代经济学家搭建一个严肃的、学术型的交流平台，让经济学人的改革理念，担当精神得以传承，让经济学更好地为中国改革服务。

调研与推荐　百千众里寻找新时代的智慧之音

中国青年经济学人报道计划启动之初，摆在我们面前的是这样一组数字：

按照新京报记者根据教育部数据统计，中国高等教育机构中，经济学科有教授和副教授共约33000名。中国每年毕业经济学博士2300多名。这是一个庞大的智慧而理性的精英群体，也是中国进一步深化改革的重要后备力量。

如何从这样一个庞大群体中选择最符合这个项目理念的优秀经济学人？

燕京华侨大学校长、著名经济学家华生先生。

《新京报》找到燕京华侨大学校长、著名经济学家华生先生。

1984年，在浙江德清县召开的"莫干山会议"上，当时仍在攻读硕士学位的华生与同伴一起，在国内最早提出并系统论证了双轨制价格改革的思路，并作为会议代表之一向中央财经小组秘书长张劲夫做了汇报，后被国务院采纳，这项改革是对我国长期实行的计划经济体制的重要历史性突破，华生也因此成为莫干山会议的佼佼者。

得知《新京报》的报道计划和理念后，华生颇为认同，当即表示大力支持。

此后，我们又邀请了中国经济体制改革研究会会长、"中国经济50人论坛"成员宋晓梧。

宋晓梧曾任国务院振兴东北办副主任，国家发改委宏观经济研究院院长，国务院经济体制改革办公室秘书长、宏观体制司司长，国家体改委分配和社会保障司司长等职。有关研究成果曾获2000年度孙冶方经济学奖、改革十周年论文奖。

另一位"中国经济学家50人论坛"成员，国务院参事、国务院发展研究中心金融研究所名誉所长夏斌，以及北京大学国家发展研究院副院长、北京大学中国宏观经济研究中心主任卢锋教授也先后接受新京报社聘书，担任"新京报·中国青年经济学人"评委。

这些评委一方面为《新京报》推荐候选人，另一方面还担负评估把关，为《新京报》调研的候选人做遴选的职责。

新京报经济新闻部专门成立了项目组，设置了专职编辑和骨干记者团队。

随后我们对国内经济学专业排名前二十的高校，长江和中欧两大商学院，以及中国社科院，国务院发展研究中心，国家信息中心，中央党校，中国国际经济交流中心等，重要的国家机构和经济智囊部门展开了调研。

同时也将国家发改委、商务部、财政部、统计局、央行、证监会、银监会等经济领域政府部门的研究机构以及中石油，中石化，国家电网等大型央企的研究部门纳入调研范围。

中国主要的银行、证券等金融机构，以及高盛等全球主要投行里面的中国研究专家也进入我们的调研视野。

《新京报》确定的候选人要求45岁以下，中国国籍，学术成就优异，关注社会，关注改革。

历时一年的报道进程中，新京报经济新闻部研究的候选人接近500人。

从传承"莫干山会议"的理念出发，《新京报》注重候选人扎实的学术功底，实在的学风和对现实真切的关怀。

其间，一些在评论界享有"大名"的所谓青年经济学家托关系找到项目组，希望入选。其中一位自称在某商学院担任过研究员的"经济学家"多番找来，但我们调查了他的履历后，某商学院驳斥了他的履历，我们果断地将该人士排除在候选人之外。

2012年8月23日，首期青年经济学人报道推出，《新京报》根据评委推荐，用两个版篇幅专访报道了中国人民大学经济学院副教授聂辉华。

聂辉华提出了"政企合谋埋下高增长隐患"的观点，认为中国当前最紧迫的改革是打破行政垄断，鼓励民间资本进入垄断领域，一个有行政垄断的经济不能称为彻底的市场经济。

1978年出生的聂辉华还表达了他对上一辈经济学家杨小凯的尊敬，"他对公共事务有所参与，对开启民智有所作为。敢于突破流行观点的迷雾，预见到未来中国发展的前景"。

首期报道即引发广泛关注。

此后，历时一年，《新京报》从上述数十家机构中遴选了29位优秀的青年经济学者。

这些青年经济学者均为1968年后出生，最年轻的李晓阳，1982年出生，密歇根大学经济学博士，现为长江商学院金融学与经济学助理教授。

来自机构的高盛宏观经济学家宋宇，担任广州越秀金融投资集团有限公司副总经理、中山大学岭南学院经济学博士的苏亮瑜，还有耶鲁大学经济学博士、现任中国银监会国际部主任范文仲，社科院世界经济与政治研究所副所长何帆等一批来自机构、国家智库、企业实体的青年经济学家，依据他们的学识、所处机构的实践历练，从不同角度阐释了当前的中国经济问题，提出了他们对中国进一步深化改革的思考和建议。

"新京报青年经济学人"系列报道推出以后，得到了社会的广泛关注。中国社科院和国务院研究中心相关领导给予了高度评价和支持。

《新京报》这项报道计划和评选活动得到了美国克拉克奖评审委员会关注。该委员会专门发来贺信，对《新京报》这项聚焦青年经济学者的报道计划给予肯定和祝贺。

"这一报道计划不仅推出了一系列年轻的经济学人新面孔，更引发了对中国经济发展成就与潜在问题的新思考与新观察。这些年轻的经济学者，给中国经济学带来了新的分析模型与切入角度，也给关心中国经济发展的读者带来了新思路与新启发。"

长期关注该项目的微博网友"杨静Lillian"发来了她的评价。

"《新京报》青年经济学人报道项目做得有新意。青年学者的视野覆盖经济实践和科技社会发展，更犀利更具洞察。"

她认为，《新京报》的青年经济学人系列报道，按照专业学识水平、对经济政策的影响力等指标遴选出优秀的青年经济学者，将真正的学者和一些单纯的财经评论员区别开来、为社会传播他们真知灼见和理性建议，很有意义。

2014年中国青年经济学人论坛。

传播和落地　媒体和社会双赢

2013年7月24日，作为首批"中国青年经济学人"报道计划的收官，新京报社在北京主办了2013中国青年经济学人论坛。

论坛的目的是想把报道项目落地、平台化，让老一辈经济学家评委和入选的青年经济学人面对面交流。

为筹备论坛，新京报经济新闻部和营销活动部、社办、新媒体部门、报网编辑部等多部门整体联动，高效合作，从全国各地把入选青年经济学人代表邀请到北京。当时，改革话题真是社会关注焦点，论坛也吸引了国内大批媒体参与报道。论坛邀请了当年莫干山的"发声者"华生，著名经济学家宋晓梧，夏斌，卢锋等4位评委到场，同时邀请了10位"新京报·中国青年经济学人"代表到场，以致敬"莫干山会议"为主题，让新老两代经济学人展开对话。

论坛分上下两场。第一场对话主题是关于"行政放权与改革红利"。由宋晓梧、华生两位评委，中欧陆家嘴国际金融研究院执行副院长刘胜军，中国人民大学财政金融学院教授、财政系主任、财政与税收研究所副所长吕冰洋，北京大学国家发展研究院副教授徐建国，国家信息中心世界经济研究室副主任张茉楠展开对谈。

下半场对话主题是金融改革的突进与滞后。分别由论坛评委夏斌，卢锋，入选青年经济学人代表、社科院世界经济与政治研究所全球宏观经济研究室主任张斌，高盛高华宏观经济学家宋宇，中欧国际工商学院金融学助理教授余方，复旦大学经济学院教授、博士生导师范剑勇展开对话。

论坛当日，新京报经济新闻部出版了16个版特刊。

当年因为在莫干山上参与提出"价格双轨制"而影响中国改革的评委华生在论坛结束后评价：

> "《新京报》举办的青年经济学人论坛意义很大，中国经济正处于关键转折时期，这个论坛将推动青年经济学人在中国的经济改革中扮演更重要角色"。

昨日，在新京报举办的"中国青年经济学人"论坛上，经济学者围绕"行政放权与改革红利"展开对话。

本版摄影/新京报记者 李冬

"青年经济学人是推动改革的力量"

新京报举办2013"中国青年经济学人"论坛，两代经济学家共话经济改革

新京报讯（记者 苏曼丽）昨日，由新京报主办的"中国青年经济学人"论坛在北京举行。在新京报首届"中国青年经济学人"评选出的8位青年经济学人代表中与宋晓梧、夏斌、华生、卢锋4位经济学家参加了论坛，一起探究"行政放权与改革红利"、"金融改革突进与滞后"等话题。

"时代需要新一代经济学人"

为推动青年经济学人在中国的经济改革中扮演更重要的角色，新京报于去年8月启动"中国青年经济学人"评选活动。

新京报邀请了中国经济体制改革研究会会长宋晓梧、国务院参事、南开大学国家经济研究院院长夏斌、著名经济学家华生、北京大学中国宏观经济研究中心主任卢锋担任评委，从全国20所高校、科研院所和机构遴选了29位优秀

青年经济学者，对他们的学术思想和对改革的思考进行了专题报道。报道推出后，引发了广泛关注和肯定。

作为"中国青年经济学人"评选的收官活动，吕冰洋、徐建国、张莱楠、张斌、宋宇、余方、范剑勇、刘胜军8位青年经济学人代表参加了论坛。论坛为8位代表颁发了"中国青年经济学人"纪念杯和纪念证书。

1984年，青年经济学者在莫干山会议上的第一次集体发声"，他们提出的"价格双轨制"改革等建议，对中国此后的改革产生了重大影响。

"我们愿意以这样一种方式向29年前的莫干山会议致敬，时代需要新一代的经济学人走向前台。"新京报总编辑王跃春昨日在论坛上表示，经济学人是一个非常庞大的群体，是中国改革的重要力量，首届青年经济学人的奖牌不是贴标签，从上一代经济学家接过奖牌是一次亮出发。

华生认为，青年经济学人就是要面对复杂的问题，在主要方向上能够提出一些好的意见，帮助打破僵局，现在的僵局本身对于青年经济学人来说就是机会。

两代经济学人激辩改革

昨日的论坛分别围绕"行政放权与改革红利"以及"金融改革突进与滞后"展开

讨论。

在"行政放权与改革红利"话题上，经济学家围绕改革的突破口各抒己见。华生表示，中国回避不了增长问题，新型城镇化是改革的突破口。宋晓梧则表示未来改革的主线是政府职能转变，改革应该以划清政府和市场的界限为主线。

青年经济学人中，中国人民大学财政金融学院教授吕冰洋认为，财政领域改革是整个改革的突破口。

北京大学国家发展研究院教授徐建国和国家信息中心世界经济研究室副主任张莱楠的观点产生分歧。徐建国认为，改革不应该再快，应该慢一点，稳扎稳打。张莱楠的观点是中国改革不是慢一点而是要多步子大一点，走得更扎一点。

在"金融改革突进与滞后"话题上，夏斌表示，中国的金融改革很不彻底，还没有到位。卢锋认为，加快金融准入的改革和存款利率市场化是方向。

中欧国际工商学院金融学助理教授余方、高盛中国宏观经济学家宋宇等人认为，央行取消贷款利率下限，目前更多是象征性的意义。

通过本次论坛，两代经济学人进行了交流和磋商，探究了中国经济改革的路径和策略。未来，新京报将延续对中国青年经济学人的关注，让经济学界更好地为时代服务。

> **青年经济学人获奖感言**
>
> 感谢各位媒体朋友和经济学评委的肯定，我只是做了自己应该做的事情。
> ——范剑勇
>
> 这个奖项对我来说是一个鞭策和鼓励，鞭策我做不辜负这个奖项的经济学研究。
> ——吕冰洋
>
> 非常荣幸得到这样一个称号，中国的学者特别是经济学家需要历史责任感。
> ——刘胜军
>
> 今天时我们心也是一种鞭策，以后有资格来更多做贡献。
> ——宋宇
>
> 这是一个时代的变化，很多东西没有现成的东西说清楚。很多东西南一知半解，"经常挑挑"得过个奖。
> ——徐建国
>
> 希望不辜负大家的期望，以后做出更好更有影响的研究。
> ——余方
>
> 非常感谢各位评委，夏斌老师对我们提出很多期望和鼓励，我要用夏斌老师的话勉励自己。
> ——张斌
>
> 这个奖传承正来也是一种精神，作为新一代的年轻人，也是传承上一代老一辈经济学者经济学家敢于担当的精神，对于我们未来讲我们肩上的担子更重了。
> ——张莱楠

■背景

青年学者为改革发声

2012年8月，新京报邀请了宋晓梧、夏斌、华生和卢锋等经济学家担任评委，启动了"中国青年经济学人"报道计划。

2012年8月23日，首届青年经济学人报道推出，新京报根据评委推荐，专访了中国人民大学经济学院副教授姜辉玲。

此后，历时近一年，新京报根据评委的推荐，结合本报调研，从全国20所高校、科研院所和机构遴选了29位优秀青年经济学者，对他们进行了专题报道，用他们的学识、责任、担当和智慧为改革发声。

这些青年经济学者均为1968年后出生，最年轻的李晓阳，1982年出生。

"中国青年经济学人"系列报道推出后，得到了社会广泛关注。除中国业界的肯定和好评外，美国评选优秀青年经济学者的克拉克奖评审委员会也对新京报这项聚焦青年经济学者的报道计划也给予了积极评价。

责编 韩笑 图编 李冬 美编 鲁嘉 责校 田秋霞

2013年7月25日刊登《青年经济学人是推动改革的力量》一文。

当日的论坛，共有 30 多家媒体参会报道。新浪财经全程直播，凤凰网等制作专题、新华网、央视等权威媒体介入报道，《新京报》首届"中国青年经济学人"报道计划至此完美收官。统计资料显示，《新京报》的此项报道计划互联网传播页面达 131 万个。薛兆丰，陶然，何帆等著名学者的观点通过该项报道计划广泛传播，在相关改革领域产生了积极影响。

改革不息，寻找学人不止

十一年前，张斌 28 岁。彼时，他初出茅庐，刚刚入职中国社会科学院，成为社科院世界经济与政治研究所一名宏观经济研究人员。

这一年，张斌和他所在的团队开始研究人民币汇率问题。张斌建议人民币升值 10%。当时，持这种观点是绝对的少数派。张斌的建议遭到刚刚崛起的网民力量的质疑。

但张斌坚持了他的研究。在随后的近十年时间里，赞同他的声音越来越多，共识也越来越多。张斌也从一个普通的经济研究人员成为社科院世界经济与政治研究所全球宏观经济研究室主任。

2012 年 10 月 11 日，得到多位老一辈经济学家推荐后，张斌成为"新京报·中国青年经济学人"报道对象。

在 2013 年 7 月 24 日领取了"中国青年经济学人"铭牌时，张斌表示，"中国很特别，在经济理论和政策研究方面有很多需要创新的地方，在中国做经济政策研究很幸运。""当研究有新的发现，而且你知道这些发现对于理解中国经济问题能做出新的贡献的时候，是最让人兴奋的事情。"张斌说。

更往前溯，1984 年，与张斌同岁的徐建国正在读小学。他勤敏好学，擅长数学。

这一年，在离徐建国老家不远的浙江莫干山上，31 岁的华生和 120 多位从全国遴选出来的青年经济学者慷慨激昂，他们提出了"价格双轨制改革"，并在此后大大影响了中国的改革进程。

多年后，徐建国考取北大数学系，得知刚成立的北大中国经济研究中心有周其仁、宋国青等一批莫干山的佼佼者后，他毅然决定"转行"，报考该中心的经济学研究生。

2013年7月24日,出席"新京报青年经济学人论坛"的徐建国,回忆起师辈一代的莫干山传奇,他说,"这些当年的青年经济学人在改革的关键时刻,提供了诸多卓有价值的思路,对决策层产生了影响,对改革起了推动作用。"

他表示,将不负期望,做好研究,努力让研究成果应用于改革。

2014年是"莫干山会议"30周年。十八届三中全会后,中共为中国今后十年确立了60项336条改革任务。中国处于即将迎来的十年变革前奏。而时代愈加喧嚣,利益阶层更加固化,改革路径分歧愈加激烈,而当年的"莫干山会议"其实已经沉寂并不为众人熟知。

新京报社总编辑王跃春表示,《新京报》创刊以来,坚持"品质源于责任"的理念,以办一份进步的、美好的报纸为追求。作为社会公器,《新京报》人一直在思考,我们能为进入深水区的改革做什么。

王跃春说,思考中,《新京报》认为需要聚焦这样一个群体,那就是一大批优秀的中国青年经济学人。这个群体暗合了《新京报》的气质,那就是理性和责任。

这是一个庞大的群体,也是中国改革未来的重要力量。

新京报社总编辑王跃春说,继成功推出首届"新京报中国青年经济学人"报道项目后,《新京报》将持续"中国青年经济学人"报道计划,长期聚焦新一代的经济学者,展现当代青年经济学人的学术风貌,呈现他们的学术成果,传达他们的理性和智慧之声,让经济学更好地为时代服务。